**찬양이
시작될 때**

당신이 하나님을 더 깊이 알아 가고 더 널리 알리는 사람이 되는 것, 이 책에 담긴 예수전도단의 마음입니다. 말씀을 통해 저자가 깨닫고, 원고를 통해 저희가 누릴 수 있었던 그 감동이 책을 통해 당신에게도 전해지기 원합니다. 그리고 당신을 통해 그 기쁨과 은혜가 더 많은 이들에게 계속해서 흘러가기를 기도하겠습니다. 이 책을 통해 당신이 받은 은혜를 다른 분들에게도 나눠 주십시오. 사랑하고 축복합니다.

Let Us Praise

Copyright © 2006 by Judson Cornwall
Originally published in English under the title: Let Us Praise
Published by Bridge Logos, 17750 NW 115th Ave. Alachua FL 32615 USA
All rights reserved.
Korean Copyrights © 2016 by YWAM Publishing Korea

본 저작물의 한국어판 저작권은 도서출판 예수전도단에 있습니다.
저작권법에 의해 보호받는 저작물이므로 무단 전재와 복제를 금합니다.

찬양이 시작될 때

예수전도단

내 아내인 엘리노어 루이스,
그리고 세 딸 도로시, 지니, 저스틴에게
나와 함께해준 이 여인들과
다른 분들의 인내심 덕분에
저는 한결 편하게 사역할 수 있었습니다.

서문

Logos 출판사는 찬양에 관한 훌륭한 책을 여러 권 출간하였다. 그런데 왜 또 다른 찬양 관련 책을 출간하는 것일까?

역사적인 교회를 섬겼던 목회자들과 성도들에게 찬양을 가르치면서, 이들이 공적인 기능으로써의 찬양의 실제적인 내용들을 꽤나 낯설어 한다는 것을 알게 되었다.

내적으로는 성령님의 온전한 일하심에 마음을 열고 하나님에 대한 사랑과 경배를 스스로 표현하고 싶은 강한 열망이 있지만, 외적으로는 그 경직성으로 인해 찬양 가운데 깊이 들어가지 못하는 것을 발견하게 되었다.

찬양의 깊은 차원까지 들어갔던 다른 사람들의 간증에는 열광하면서도, 그 누군가의 경험 때문에 과거 자신이 훈련받은 것에서 벗어나는 것은 어렵게 생각하는 것이다. 그것이 얼마나 영광스러운 경험인지는 상관없이 그렇게 생각하는 것이다.

나는 여러 콘퍼런스와 세미나를 진행하는 가운데 계속해서 이런 질문을 받았다. "찬양에 관한 성경적 기반은 무엇입니까?"

이 책은 그 질문에 대답하고자 쓴 것으로, 350개 이상의 성경 인용과 참고 구절이 수록되어 있다. 나는 찬양이 다윗의 것Davidic이 아닌 하나님의 것divine이며, 사람의 본을 따르는 것이 아니라 하나님의 본을 따라야 하는 것임을 나타내고자 하였다.

이 책을 쓸 당시 나는 아프리카에서 사역하고 있었다. 책을 쓰기 위해 이미 정해진 일정을 취소할 수는 없었기 때문에 나는 공항에서, 모텔 방에서, 게스트 룸에서, 콘퍼런스 장소에서 책을 썼다. 책을 쓰는 동안에도 나는 8만 마일 이상을 이동했고 7개국에서 사역하였다.

부디 이 책에서 가르치는 찬양이 책에서 다뤄진 그 이상으로 그리스도의 몸인 교회에서 표현되기를 바란다.

모든 복의 근원이신 하나님을 찬양하라!
이 땅의 모든 천지 만물은 하나님을 찬양하라!
위에 계신, 하늘의 주재이신 하나님을 찬양하라!
성부, 성자, 성령님을 찬양하라!

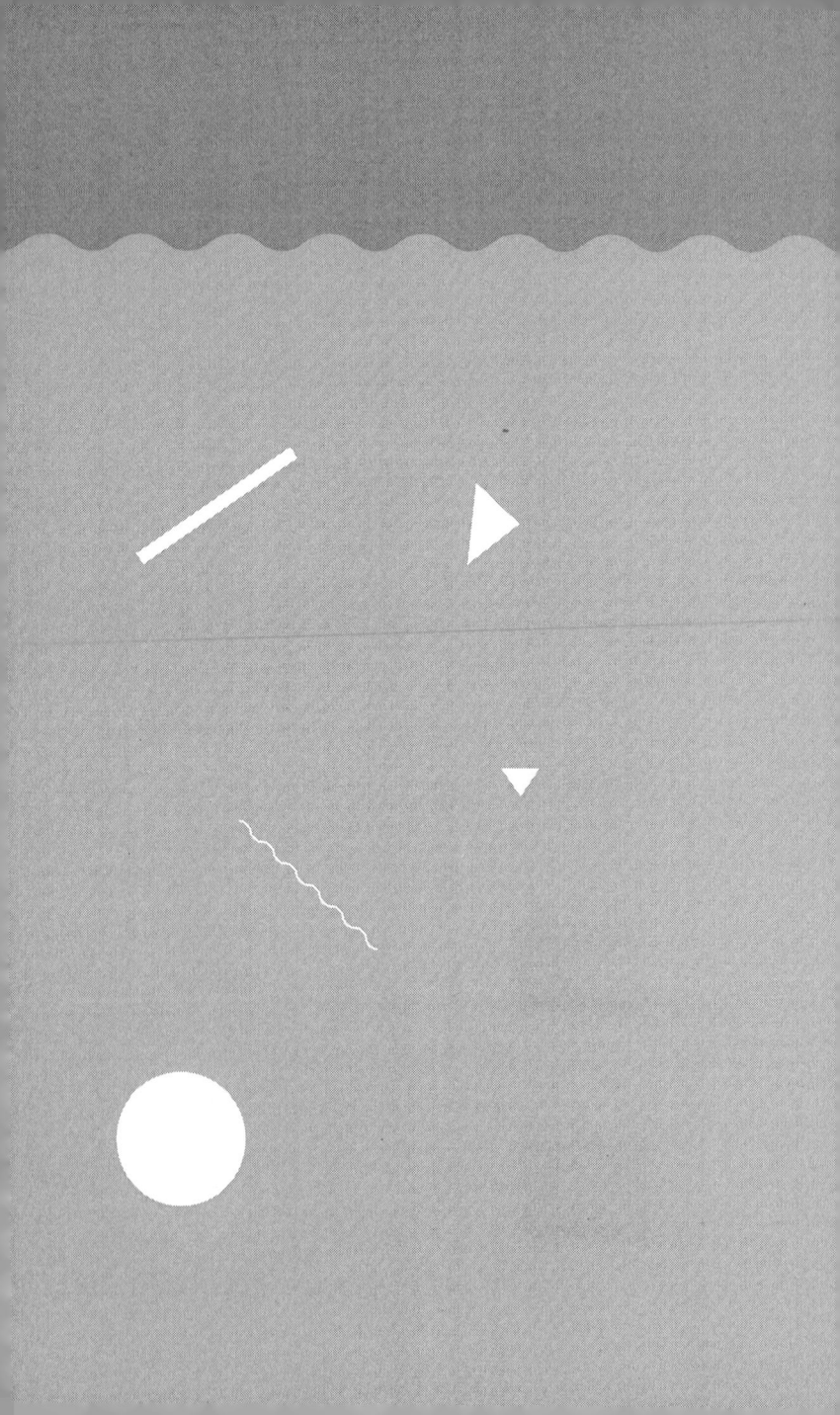

차례

서문	6
1 · 찬양을 주심	10
2 · 찬양의 목적	26
3 · 찬양의 모본	45
4 · 찬양의 패러다임	57
5 · 찬양의 사람들	79
6 · 찬양의 언약	92
7 · 찬양의 실천	124
8 · 찬양의 동기	145
9 · 찬양의 능력	164
10 · 찬양의 방해요소	186
11 · 찬양의 영원성	206

부록 | 찬양에 관련한 말씀

찬양을
주심

01

찬양 인도자는 두 번째 찬양을 막 끝내고, 의자에 기타를 내려놓았다. 보아하니, 잠시 찬양을 쉬며 분위기 전환을 위해 이야기를 하려는 것 같았다.

"저는 콘월 목사님과 성도님들이 이 낡은 헛간을 놀랍게 교회로 변화시키신 것에 대해 축하드리고 싶습니다…."

헛간이라고? 나는 그 표현이 정확한 것인지 생각해보았다. 확실히 교회보다는 볏짚 창고 같은 건물이기는 했다.

그는 이어 "비록 작은 교회이지만 이곳의 분위기는 아름답습니다"라고 말했다.

텅 빈 주차장을 완곡하게 표현하기 위해 분위기라는 단어를 사용한 건가? 거의 버려진 이 헛간 같은 곳에서 나는 무엇을 하고 있었던 거지? 이곳은 젊고 열정적인 개척자를 위한 가정 선교 사역을 위한 장소였다. 이곳은 성경학교bible school 졸업생들이 처음 사역을 시작한 곳으로, 그들이 형성되고 단련되는 모루Anvil, 대장간에서 뜨거운 금속을 올려놓고 두드릴 때 쓰는 쇠로 된 대-역주와 같은 곳이었다. 하지만 나는 이제 막 시작하는 사역자가 아니었다. 거의 25년 이상 설교를 했으며 15년을 목사로 사역했다. 단독 목회를 하기 전, 나는 아버지 밑에서, 또 다른 두 곳의 교회에서 훈련을 받았으며 이후 1년간 남 캘리포니아에 있는 큰 교회에서 부목사로 사역도 했다.

"저는 목사님의 능력에 감명받았습니다." 그는 말을 이어갔다.

이 말을 의역하면, 이렇게 작은 교회에 나같이 경험 많은 사람이 있는 것을 보고 충격을 받았다는 뜻이다. 하지만 내가 받았던 충격보다 클까? 교단의 기준에서 보면 그동안 나는 성공적인 목회자였다. 신학교에서는 우등생이었으며 내가 속한 교단에서 최연소로 목사 안수를 받은 사람 중 한 명이었다. 첫 부임한 교회에서 만 1년이 채 안 되는 짧은 기간 사역을 했고, 이후 14년 동안은 두 개의 다른 교회에서 사역했었다. 더 큰 교회로 진출하지는 않았지만, 큰 채무없이 성공적인 성장 프로그램을 통해 큰 교회를 이끌었다. 나는 작고 약한 사역을 맡아 크고 강하게 만들었다. 그런데 지금 나는 왜 이곳에 있는가?

"제가 몇 년 전 처음 목사님을 뵈었을 때, 목사님께서는 워싱턴 주 야키마Yakima에서 목회를 하고 계셨어요."

나는 불과 몇 달 전 그 교회를 떠났다. 그 교회를 새로 이전하고 프로그램과 사역을 강화했을 뿐 아니라 3년 동안 아침마다 그곳 지역 성경학교에서 가르쳤으며 라디오 사역도 하였다. 그리고 몇 년 간 목회자 모임 두 곳에서 회장을 역임했으며, 내가 속한 교파의 청년 캠프 디렉터로, 장년 캠프에서는 오르간 연주자로 섬겼다. 사실 너무 많은 위원회와 교파의 기능을 담당하는 조직에서 활동했기 때문에, 대놓고 나를 질투하는 동료 목회자들도 있었다.

당연히 우리 교회에서도 나에게 불만을 표현했다. 외부사역이 너무 많다는 것이다. 하지만 나는 우리 교회의 담장을 넘어 사역하도록 부르심을 받은 것이 진심으로 기뻤고, 실제로 교파에서 열심히 일하는 사람이라는 평판을 얻은 것에 자부심을 느꼈었다.

"저는 콘월 목사님이 교회에서 사임하셨을 뿐 아니라 절대 다른 교회에서 목회하지 않겠다는 진술서를 교단에 제출하셨다는 얘기를 들었습니다."

우리 교단의 자랑스러운 정보망은 삽시간에 그 소문을 전했다. 글쎄, 나는 모든 목회자에게 사역을 하는 중에 사역에서 비롯된 혼란이 그동안 했던 사역의 열매를 넘어서는 시기가 온다고 생각한다. 그 시기는 자신의 소명과 관련한 어려운 시기에 열매를 생산할 능력이 없음을 인식하는 순간이다. 누군가는 이것이 성숙으로 나아가는 증거라고도 하지만, 많은 사람들에게 이것은 단지 종말의 시작일 뿐이다.

나는 야키마에서 그 현실에 직면했다. 성공을 재는 척도에 대해 점점 의문을 갖게 되었으며, 결국 교회는 사역 가운데 그리스도의 진정한 부르심에 응답할 수 없을 것이라고 의심하게 되었다. 열매는 거의 없는 활동의 거미줄에 얽힌 것 같았으며, 스스로 더 열심을 내보았지만 만족감은 점점 더 줄어들었다. 내 청년 시절의 이상향은 결코 성취될 수 없을 것이라는 생각이 들기 시작했고 결국에는 사역보다는 사업을 하고 있는 것 같아 나는 사직서를 제출했다.

그렇다고 목회를 포기한 것은 아니었다. 목회는 어린 시절부터 내 인생을 향한 하나님의 부르심이었기 때문이다. 나는 그저 지속성, 활기, 영적인 삶이 완전히 비어 있는 사역에서 벗어나고 싶었을 뿐이었다. 설령 사람들이 성공한 사역이라고 칭찬하는 부분일지라도 말이다.

3년간 규모가 작은 성경학교에서 가르치면서, 교회를 변화시키는 가장 효과적인 방법은 미래의 목회자들과 접촉하는 것임을 확신했다. 그 목회자들이 아직 훈련 중에 있을지라도 나의 확신에는 변함이 없었다. 그래서 나는 내 사역의 남은 기간을 성경학교에서 가르치는 일에 헌신하기로 결정했다. 우리 교단에서는 박사학위를 받으면 워싱턴에 있는 학교에서 가르칠 수 있도록 자리를 주겠다고 내게 제안했고, 나는 신학교 때의 학점을 여러 서부 해안에 있는 칼리지와 대학에 보내 학점을 인정받을 수 있는지에 대한 정보를 요청했었다. 그 중에 오레곤Oregon대학교의 학점 인정 방침이 가장 좋았기에 주저하지 않고 가족들과 유진Eugene으로 이사했다.

마침내 학교에 등록하러 갔을 때, 충격적인 사실을 알게 되었다. 그 주는 비거주자들에게 이중 과세를 부과하는 제도가 있어서 그것을 면제받기 위해서는 거주권을 받아야 하는데 6개월의 시간이 걸린다는 것이었다! 그래서 우리는 먼저 일자리를 찾아야 했다. 나는 지붕을 수리하는 일과 함께 시내에 있는 우리 교단의 한 교회에서 아내와 함께 피아노와 오르간 연주자로 일하게 되었다. 우리 가족은 이런 삶의 변화로 찾아온 모처럼의 여유를 느긋하게 누리고 있었다.

"저는 제가 들은 것이 진실이 아니라는 것과 콘월 목사님이 목회를 하고 계시는 것을 보게 되어 기쁩니다. …그리고 이런 작은 교회를 위해 기꺼이 사임하려 하셨다는 것이 기쁩니다. 하나님이 이로 인해 목사님을 복 주실 것입니다."

사임했다고? 아마 끌려내려왔다는 말이 더 맞을지도 모르겠다.

나는 이제 그가 말은 그만하고 다시 찬양하기를 기대했다. 그런데 그가 말한 진술서를 제출한 것과 다시 목회를 하지 않겠다고 한 것은 모두가 사실이다. 그러나 거주권을 받기 위해 일하는 6개월 동안, 다양한 사람들을 통해 그들의 지역교회 목회자로 청빙을 받기도 했다. 모두 내가 막 떠나온 교회보다 규모가 컸지만 그 제안에 응할 마음은 없었다. 내 마음에서 목회는 끝이었다.

이 작은 교회는 갑자기 목회자를 잃었다. 그래서 나는 주일 설교를 해달라는 요청을 받았고, 두 번 설교를 했을 뿐이었다. 그 사이 문제도 많고 부채도 많은 이 교회는 상황이 더 심각해졌다. 그래서 그 지역 공무원은 교회가 사역을 계속할 수 없다는 판단을 내렸고, 교회 문을 닫는 것에 대한 투표를 진행했다는 소식이 들려왔다. 물론 내가 걱정할 일은 아니었다. 나는 단지 두 번의 주일 설교 임무를 맡은 손님이었을 뿐이었으니까.

그런데 이제 사역을 끝내고 교회 문을 닫아야 한다는 결정이 내려졌다는 소식을 들은 성도들은, 두 번째 주일 내가 설교를 마치고 그곳을 떠난 후 회의를 소집했고, 그 결과 성도들은 지역의 결정을 따르지 않고, 힘들지만 그 도시에서 계속 사역을 지속하기로 결정했다. 그리고 그 회의에 참석한 14명은 만장일치로 교회 담임목사로 나를 선출했으며 한밤중에 전화로 그 결정을 내게 알려왔다. 잠에서 깬 나는 전화를 받고 웃어버리는, 품위 없는 행동을 하고 말았다.

"저는 이번 주에만 두 곳의 좋은 교회에서 제안을 받았고, 모두 거절했어요. 도대체 무엇 때문에 제가 그 교회 사역을 맡을 것이라고 생각한 것입니까?"

나는 청소년 목회자로 일할 때에도 그렇게 작은 교회는 섬겨본 적이 없었다. 심지어 주일학교에서 가르쳤던 반도 그렇게 작은 반은 없었다.

"글쎄요, 최종 결정을 내리시기 전에 기도를 해보시면 어떨까요?" 대표자가 물었다.

나는 "그럴 필요 없어요. 제가 살아 있는 한 이제 목회를 하지 않을 겁니다"라고 대답했다.

나의 대답에 놀랐는지 수화기 너머에서는 침묵이 흘렀고 나는 죄책감이 들기 시작했다. 결국 그 사람의 제안에 동의하는 것만이 다시 잠을 청할 수 있는 유일한 희망이었기에 내일 다시 이 제안에 대해 생각해보겠다고 말했다. 그러고는 저녁에 그에게 다시 전화해서 못하겠다고 말할 것을 생각했다.

다음날 늦은 오후, 내가 했던 약속이 생각났다. 그때 나는 셰이크 지붕에서 혼자 일하고 있었기 때문에 잠깐 쉬면서 소리내어 기도했다. "하나님, 제가 그 작은 교회의 목사직을 놓고 기도해 보겠다고 약속했던 거 아시죠. 저는 이것이 제 삶을 향한 하나님의 뜻이 아니라는 것을 압니다. 그분들을 필요에 맞게 인도해주세요. 그리고 저를 목회에서 건져주셔서 감사합니다."

다시 망치를 집어들고 지붕 작업을 시작하려는데, 그때 하나님이 내면의 음성을 통해 나에게 말씀하셨다. 나는 그 음성이 하나님의 음성이라는 것을 알았다. 전에도 그 음성을 들은 적이 있었다. '내 아들아, 나는 네가 억지로 이 일을 맡도록 하지는 않을 것이다. 하지만 네가 그 일을 맡는다면 나는 기쁠 것이다. 네가 그들의 목회자가 된다면 나는 너에게 나의 집과 나의 임재 가운데 이르는 안전한 길을 보여줄 것이다.'

"오, 하나님, 아닙니다! 저에게 이러실 수는 없어요! 만일 목회를 해야 한다면, 적어도 제 가족을 부양할 수 있을 정도의 규모는 되야죠. 제가 거기서 목회를 한다면, 저는 따로 일을 해야 할 뿐 아니라 그들의 빚까지도 갚아줘야 해요. 게다가 제가 지금 큰 도시 관련 사업에 연관되어 있으면서 이 마을에 있는 작은 교회에서 목회를 한다면 그건 실례죠. 또 이 지역의 공무원들은 어떤가요? 교회의 문을 닫도록 투표한 사람들이잖아요!"

그 시간 이후부터 나는 하나님과 씨름하느라 지붕 작업은 거의 하지 못했다. 하나님 앞에 내가 가진 모든 카드를 내놓았고, 모든 논쟁에서 졌다. 이성적으로 논리를 펴고, 간청하고, 하나님을 위협하기도 하고 회유하기도 했다. 하지만 하나님은 꿈적도 하지 않으셨다.

결국 망치를 지붕에 힘껏 던져버렸고, 셰이크를 따라 나무가 쪼개져 망치는 집으로 떨어졌다. 나는 소리를 질렀다. "알겠어요! 하나님의 임재 가운데로 나아가는 새로운 길을 가르쳐주신다면 제가 그 작은 교회를 맡을 게요!"

그 후, 나는 큰 평안을 느꼈다. 이는 갈릴리 호수에서 폭풍우를 잠잠케하신 예수님을 보았던 제자들도 느껴보지 못했을 큰 평안이었다. 아내와 딸들은 내 결정에 놀라면서도 매우 안심한 것 같았다. 내가 목회 현장을 떠난 것이 나에게 평안보다는 혼란을 가져왔음을 알고 있었기 때문이었다.

하나님의 임재와 하나님 나라로 가는 새로운 길을 보여주시겠다는 하나님의 약속이 있었음에도, 나는 오랜 시간 내 안에 자리 잡은 습관을 따라 과거 사역에서 배우고 사용했던 모든 방법을 그 즉시로 답습했다. 그러나 은혜가 많으신 하나님은 우리에게 매우 갈급하고 영적인 필요가 있는 사람들을 몇 명 보내주셔서 우리가 어디로 가든 기꺼이 따라오게 하셨다.

우리는 전도 센터를 지으려고 했지만 이것은 우리를 하나님의 임재 가운데로 데려다 주지 않았다. 치유 사역에도 집중했었고, 이후 성령 충만에 대해서도 관심을 가졌었다. 하지만 우리가 했던 모든 특별한 시도들에도 불구하고 우리는 하나님의 임재 가운데 나아갈 수 없었고, 그제서야 우리의 실수를 고백하고 새롭게 정비하여 완전히 다른 방향으로 다시 사역을 시작하게 되었다.

이 모든 기간 동안 우리는 기도에 중점을 두었다. 사람들은 구원받고, 치유받고, 성령으로 충만해졌으며 속박에서 자유를 얻었다. 가정이 다시 하나가 되었고 우리는 새로운 건물을 지어야 할 정도의 엄청난 성장을 경험했다. 하지만 나는 이전에 사역했을 때 경험했던 그 기쁨을 누리지 못했고, 또한 하나님의 임재를 알게 하시겠다는 그 약속의 말씀도 발견하지 못했다.

한 주간의 저녁 집회 기간 중 찬양 예배를 드리는 데 어렴풋이 어떤 한 사람이 성전으로 들어오고 있었다. 이런 경험은 매우 드문 경우였는데, 나는 어떤 강한 힘에 이끌려 강당에서 내려와 그에게 나를 소개했다. 그리고 그 형제가 과거 신학교 시절 만났던 사람이었음을 알게 되었다. 그는 당시 남아메리카 선교지에서 사역을 하고 있었기 때문에 수년 간 서로 만날 일이 없었다.

나는 그날 저녁 그 형제에게 설교를 요청했지만, 그는 몸이 피곤하다며 이를 거절했다. 시카고에서부터 운전해서 이제 막 이곳에 도착했기 때문이었다. 하지만 잠깐 간증을 했는데 그의 간증은 우리 모두를 전율케 했다. 그는 하나님이 누구신지 아는 사람이었고 하나님과 매우 친밀한 사람이었다. 그 사람으로 인해 내면의 영이 얼마나 흥분했는지 모른다! 나는 그에게 설교를 몇 편 해달라고 간청했고, 그는 하나님의 뜻 가운데 일주일 동안 우리교회에 머물기로 하였다.

나는 그 형제가 하나님을 아는 법, 하나님과 대화하는 법, 하나님의 임재로 들어가는 법에 관해 설교해 주기를 원했지만, 그는 찬양에 대해 가르치겠다고 하면서 찬양에 관한 것보다는 찬양하는 법을 알려주겠다고 하였다.

그는 놀라운 일을 했다! 우리는 하나님의 능력과 임재에 대해 알기 원했지만, 찬양에 관해서는 두려운 마음과 매우 의심하는 마음이 있었다. 오래 전 나는 '성령의 불로 탄생한' 한 모임의 일원이었으며, 어렸을 때 오랜 시간 이어졌던 열정적인 찬양 세션들을 여전히 기억한다. 하지만 나 역시 그 모임에서 나왔고, 세상의 그 누구라도 목소리로 드리는 연합된 교회 찬양에 깊이 빠질 수 있다는 것을 몰랐다.

우리 교회의 찬양은 보통 지나치게 격식을 차리고 '하나님을 찬양하라, 할렐루야'를 외치는 정도였는데, 그가 말한 영으로 드리는 찬양과 오랜 시간 변함없는 성도들의 반응은 우리 모두를 혼란스럽게 했다. 어쩌면 이러한 반응은 우리가 처음 시작했던 '낡은 헛간'보다는 훨씬 고급스러운 아름다운 새 성전에 대한 과도한 자부심이었는지도 모르겠다. 그리고 우리에게 익숙한 고상함과 점잖음이 그에게는 맞지 않는 것 같았다. 설교자로 그를 소개했을 때, 그는 강단으로 올라오는 대신 강단 옆에 의자를 놓고는 아코디언을 끼고 성경 각 권의 이름을 음악에 담아 노래하기 시작했다. 우리가 한 소절을 배우면 이를 반복하고 또 반복했다. 우리는 이런 찬양에 익숙하지 않았고 견디기 힘들었다.

하지만 조금씩, 지식으로 하는 노래와 영으로 하는 찬양이 같지 않음을 깨닫기 시작했다. 그는 우리에게 신체적인 반응에서 영적인 반응으로 나아가는 방법을 알려주었다. 말씀의 진리를 강조하며 찬양 중에 우리 안에 있는 무엇인가에 다다를 때까지 그 찬양을 계속 다시 부르게 했다.

또 나를 놀라게 했던 것은 그가 결코 서두르지 않는 것이었다. 나는 그가 사역지에만 너무 오래 머물러서 미국 사람들의 철저한 시간 개념을 잊어버린 것은 아닐까 걱정이 되었다. 내적으로부터 어떤 응답이 시작되었다는 것을 느낀 그는 아코디언을 내려놓았다. 우리는 이제 그가 설교를 할 것이라고 예상했지만 그는 그러지 않았다. 대신 우리 모두를 폭신한 의자에서 일어나 모두 강단 앞에 서게 하였다.

그는 손을 들어 목소리로 하나님에 대한 우리의 사랑과 찬양, 경배를 표현하라고 하였다. 하지만 우리 중에 그렇게 표현하는 것을 제대로 알고 있는 사람은 거의 없었다. 나도 마찬가지로 오르간을 치면서는 내 감정을 표현할 수 있었지만, 목소리로는 표현할 수 없었다. 그는 자주 시편을 읽으면서 찬양은 음성으로 드리는 표현임을 강조했다. 그러고는 우리에게 해볼 것을 촉구하였다.

결국 그의 인내심과 큰 믿음은 우리의 수줍음을 이겼고, 어느 순간 우리는 아주 미약하지만 예배와 찬양을 표현하고 있는 우리 자신을 발견하게 되었다. 주위를 둘러보며 서로를 바라보았고, 좀 바보같이 느껴지긴 했지만 적어도 우리 모두는 한 배에 탄 것을 느꼈다.

그 형제는 아침, 저녁으로 찬양 가운데 우리를 권면하고 모범을 보이며 지속적인 격려를 해주었다. 그는 하나님을 향해 손을 들도록 요청하였다. 하지만 그건 좀 심했다! 나는 그때처럼 갑작스럽게 관절염으로 고통을 느껴본 적이 없었다. 팔이 납처럼 무겁게 느껴져 몇 초만 지나도 팔 근육이 아팠다. 하나님께 30초간 손을 들고 있는 것보다 윗몸일으키기를 20개 하는 것이 더 쉬울 것이라는 생각도 들었다. 이 모든 것은 우리가 삶에서 훈련해야 할 것들이었다. 우리 각자는 모든 성도들이 자신만 쳐다보고 있는 것처럼 느꼈다. 또한 팔을 올리고 있는 동안 다른 사람과 닿으면, 그 사람에게 사과하고 다시 들어올려야 했다. 그런 우리를 보고 하나님은 얼마나 안타까우셨을까!

결국 사랑스러운 하나님의 사람인 그 형제는 어느 날 우리의 두려움과 극심한 자의식을 깨기 위한 마지막 방법으로 우리 모두에게 교회 건물 주위를 행진하도록 했다. 그리고 하나님 앞에서 춤출 것도 제안했다. 밤늦은 시간이어서 지나가는 행인이 우리를 볼 수 없다는 사실이 얼마나 기뻤는지 모른다. 이것은 너무나 비현실적인 일이었다! 하지만 사실은 이 모든 것이 성경에 있는 확실한 명령이며, 그 명령에 순종할 때마다 우리는 조금씩 더 하나님께 가까이 나아가는 것을 느꼈다.

하나님의 임재에 더 가까워지는 것을 깨닫기 시작하던 그때, 나는 하나님이 지붕에서 약속하셨던 그날을 기억했다. 하나님은 그 약속을 이루어가고 계셨다! 그 순간부터 내 안에 깊이 감추어져 있던 모든 저항감이 깨지기 시작했다. 하지만 그 형제의 열정과 새로운 방식을 받아들이기까지는 얼마 간의 시간이 더 걸릴 것이라고 생각했다.

형제는 떠날 시간이 다가왔을 때 자신이 한 교회에서 설교했던 테이프를 주었다. 그 교회는 하나님을 찬양하는 가운데 평안을 누리는 법을 아는 교회였다. 그는 저녁 예배 시간에 이 테이프를 틀기를 원했는데, 둘이 있을 때 친절하게 그 테이프에 관해 미리 귀띔해 주었다. 설명을 듣는 것만으로도 나는 당황했다. 어떻게 그들은 그렇게 거리낌 없이, 자연스럽고 솔직하게 예배할 수 있단 말인가?

그 형제에게 저녁 예배 때 그 테이프를 틀고 싶어 하지 않는 이유를 말할 수는 없었지만, 나의 두려움을 알아챈 그는 이를 존중해 주었다. 그러면서 만일 내가 목소리로 드리는 찬양 가운데로 계속 성도들을 인도한다면, 우리에게도 아무런 제약 없이 열린 찬양 가운데 들어가게 될 날이 올 것이라고 말했다. 나는 그저 웃기만 했다. 나사로가 무덤에서 나오리라는 것을 믿지 않았던 마르다보다도 더 나는 그 말을 믿을 수 없었기 때문이다.

그 일주일이 지나가고, 우리 모두는 복잡한 감정을 느꼈다. 안도감과 아쉬움이 뒤섞인 감정이었다. 그간의 압박은 무거웠지만 일주일 동안 함께 먼 길을 왔기 때문이었다. 대부분의 성도들은 그의 사역이 끝난 것에 대해 조금 아쉬워했는데, 그 이유는 우리가 이제껏 몰랐던 하나님의 무언가를 경험했기 때문이었다. 하나님의 임재가 주는 따뜻한 빛과 이전의 경험을 뛰어넘어 흐르는 사랑, 그리고 하나님과의 대화 가운데로 우리를 이끄는 영적인 은사를 경험했다. 확실히 우리는 '그리스도 예수 안에서 함께 하늘에 앉히심'을 느꼈다(엡 2:6).

그리고 그 형제가 떠날 때, 몇 주 후로 예정된 스케줄이었지만 다시 오겠다는 그의 약속에 우리는 기뻐했다.

찬양의 목적

02

"우리는 당신을 찬양하고 경배합니다"라는 찬양으로 성가대는 우리를 예배로 초청했다. 첫 소절은 회중들이 낮게 속삭이는 소리에 묻혔다. 새로운 성가복의 영향력은 놀라웠고, 나는 그 하나님의 사람이 두 번째로 교회를 찾은 후 바로 그 주일에 성가복이 도착한 '우연'을 생각하며 슬며시 미소 지었다. 상황은 두 달 전보다 훨씬 좋아졌다. 우리는 목소리로 찬양해야 한다는 충격을 극복했고, 실제로 지난주에는 찬양하는 것이 그렇게 어렵게 느껴지지 않았다. 오히려 성도들 앞에 함께 서서 그 형제가 제안한 방식으로 찬양하는 것을 즐겼다. 때로는 그가 너무 앞서 나가는 것 같기도 했지만, 가르침에 있어 학습과정을 수행하려면 주제에 대해 강하게 강조하는 것도 필요한 것 같았다.

"당신 앞에 엎드려…."

나는 조용히 몸을 돌려 눈에 띄지 않게 소프라노 쪽을 바라보았고 성가복을 자세히 살펴보았다. 금색은 딱 맞는 색이었다. 새로운 카펫과 자작나무로 만든 의자에 완벽하게 어우러졌다.

천천히 뒤를 돌아 성도들을 보며 새로운 성가복을 입은 피아노 연주자와 오르간 연주자, 그리고 성가대 지휘자도 매우 눈부시게 빛나는 것을 보았다. 이제 모든 것이 균형 잡혔다. 나는 이 예배당에서 어떠한 조화를 이루고자 하는 강박관념으로 성가대를 거의 미칠 지경으로 성가시게 했다. 심지어 키를 맞추어 서는 것까지 점검했던 것이다.

"찬양 소리 울리니…."

성가대의 찬양은 계속되었다. 성도들은 단지 성가대만 바라보는 것이 아니라 찬양을 듣고 있었다. 나는 그날 아침, 찬양에 대해 얼마나 강조해야 할지 생각했다. 그가 떠난 지금, 분위기가 다를 것이었기 때문이다.

지붕에 망치를 던진 그날부터 먼 길을 왔으며, 나는 우리가 탄배를 너무 심하게 흔들고 싶지는 않았다. 특히 지금은 더욱 그렇다. 건축을 완공하고, 모기지를 갚아 나가기 시작한 지금은 불화를 일으킬 때가 아니었다.

"할렐루야 울려퍼지니…."

성가대를 너무 많이 칭찬praise하고 싶지는 않았다. 하지만 어느 정도가 너무 많은 것일까? 제조업자는 자신의 제품을 칭찬한다. 부모님은 자녀를 칭찬하고, 부모보다 조부모들은 손주들을 더 많이 칭찬한다. 남자들은 자신의 차나 좋아하는 축구팀을 찬양하고 여자들은 자신을 돌봐주는 헤어드레서나 요리 솜씨, 혹은 옷장을 찬양한다. 어린아이들도 찬양하고, 운동선수들도 찬양하며, 목사도 찬양하고, 심지어 정치인들도 '자부심'으로 자신을 찬양한다.

찬양이 우리 삶에서 낯선 것이 아님은 확실하다. 아니, 오히려 우리 삶에 있어 필수적이다. 우리가 가치 있게 여기는 것이 무엇이든 그것을 자연스럽게 찬양하는 것은 우리 인간의 기본적인 본성인 것 같다. 위대한 미술 작품을 보면서 찬양하고 감탄하지 않을 수 있는가? 능숙하게 연주하는 심포니를 들으면서 박수를 치고 지휘자와 오케스트라를 큰소리로 찬양하지 않을 수 있는가? 심지어 우리는 특별하고 맛있는 식사를 한 후에도 요리사를 찬양한다. 이런 작품이나 연주, 요리가 그렇게 '칭찬받을 만하'거나 '찬양받을 만한' 것은 아니지만, 우리는 기쁨을 충분히 맛보기 위해 우리의 감정을 표현하는 것이다. 그렇게 할 때 우리의 기쁨은 더 커지고 우리 안에 있는 기쁨의 감정을 확신하게 된다.

성가대 지휘자는 성도들에게 함께 일어나 성가대와 함께 부르자고 요청하였다. "우리는 당신을 찬양하고 경배합니다."

"당신을 경배합니다." 물론이다! 우리가 중요하게 여기는 것들 중에 하나님이 있다면 하나님에 대해 찬양하면서 우리의 속사람을 꺼내 놓는 것이 보통이다. 하지만 찬양을 말로 해야 하고 그 찬양하는 것을 스스로 들어야 하는 것처럼 하나님이 이 찬양을 꼭 들으셔야 하는 것은 아니다. 심포니의 지휘자가 우리가 받아들일 수 있도록 자신의 내면의 감정을 쏟아놓는 것인 만큼, 그가 우리의 박수를 굳이 받아야 할 '필요'는 없다(물론 확실히 박수 받는 것을 좋아하고 박수 받을 만하다).

자신들이 응원하는 미식 축구팀의 시즌 첫 우승을 보기 위해 미식축구 경기장에 있던 관중들은 마침내 그 첫 우승을 했을 때 아마 미치도록 열광했을 것이다. 하지만 그 팀이 터치다운을 하는 데 그들에 대한 관중의 찬양이 필요한 것은 아니었다. 그 팀은 관중들이 미치도록 열광하기 이전에 이미 터치다운을 했다. 오히려 박수를 치고 소리를 지르며 손과 모자, 현수막을 흔드는 것으로 유익을 경험하는 쪽은 관중들인 것이다.

"자리에 앉으셔도 됩니다. 찬송가를 펴시고…."

찬송가! 그러고 보니 우린 지난 주 내내 찬송가를 펴지 않았다. 그 형제는 신약성경 말씀으로 찬양하도록 하였다. 하나님의 말씀으로 직접 노래하는 것은 흥미로운 경험이었다. 그 노래는 찬양이 되었고, 우리는 뭔가 단어를 찾으려고 애쓸 필요가 없었다. 잠깐이면 찬양의 가사를 만들 수 있었던 것이다.

C. S. 루이스Lewis는 『시편 사색』(Reflections on the Psalms)에서 이렇게 말했다. "나는 진실로 겸손하며 도량이 넓고 균형감 있는 사람들일수록 칭찬을 많이 하고, 괴짜요 적응하지 못하는 자요 불평만 늘어놓는 사람들일수록 칭찬에 인색하다는 사실은 놓치고 있었던 것입니다. 훌륭한 비평가는 불완전한 작품들에서도 칭찬할 점을 찾아냅니다. 반면 시원찮은 비평가는 끊임없이 금서 목록을 늘려 갑니다. 건강하고 꾸밈없는 사람은 아무리 화려한 환경에서 근사한 요리를 두루 경험하며 자랐다고 해도 소박한 음식에서도 칭찬거리를 찾아냅니다. 반면 소화불량 환자나 늘 까다롭게 구는 속물들은 모든 음식에 대해 트집을 잡습니다. 참을 수 없을 정도로 거슬리는 대상과 마주한 것이 아닌 한 언제나 찬양은 우리의 내적 건강이 밖으로 표출되는 소리입니다."(『시편사색』, 홍성사 역간)

'밖으로 표출되는 내적 건강'이란 외적으로 나타나는 영적 건강을 말하는 것이다. 영적으로 건강한 사람은 본성적으로 찬양이 꽤나 자연스럽다. 그러나 많은 사람들의 경우, 종교적인 훈련으로 이러한 부분이 억눌려 있다. 하지만 우리에게는 찬양이 있다! 찬양하는 것은 내면의 강함을 표현하는 것이며, 찬양을 표현할 때 그 강함이 발휘되는 것이다.

어린 시절, 나는 찰스 프라이스Charles Price 목사님께서 인도하시는 전도 집회에 참석한 적이 있었다. 목사님의 예배의 기본은 찬양인 경우가 많았다. 목사님은 설교 중에 길게는 한 시간 정도 자유롭게 찬양하실 때가 있는데, 그때 성도들은 일어서서 함께 찬양하고 앉으면 다시 말씀을 하시던 모습을 보았다. 성도들은 표현하기에는 너무 큰 내면의 무언가로 인해 어쩔 줄 몰라하는 것 같았다. 뿐만 아니라 그곳에는 다른 사람들도 함께할 것을 권유하는 자유로운 호소와 초청이 있었다. 그것이야 말로 '하나님을 찬양합니다'라는 '할렐루야'의 진정한 의미인 것이다. 마치 "그거 맛있지? 그거 아름답지?"라고 물어보는 것과 같다. 우리 모두는 우리의 기쁨을 나누고 싶어 한다. 사람들과 함께 나누지 않은 삶이란 반쪽짜리 삶이기 때문이다.

하지만 콘서트나 경기장에서 우리를 찬양하게 만드는 것은 단순히 내면의 건강에서 오는 것만은 아니다. 내면이 건강하지 않아서 우리가 찬양하지 못할 수도 있겠지만 분명히 찬양의 동기가 되는 것은 외부의 자극이다. 감정적인 반응은 감정적 자극에 정비례하는 것 같다. 흥분을 하면 할수록 소리는 더 커진다. 그렇다면 만일 예수님에 대해, 예수님이 우리를 위해 하신 일에 대해 매우 흥분된다면, 큰소리로 찬양하며 그 감정을 그대로 표현해야 할 것인지 궁금했다. 우리를 찾아왔던 그 형제가 예수님에 대해, 그리고 예수님이 우리에게 주신 것들에 대해 그렇게 많은 시간을 들여 이야기한 이유가 바로 여기에 있었다. 그러한 감정이 우리를 흥분하고 기대하게 했으며 우리는 뭔지 모르게 자연스럽게 기뻐했다!

그 형제가 하나님에 대해 이야기하면 할수록 예수님을 향한 내 마음은 더 따뜻해졌다. 그 주간 동안 나의 사랑은 크게 성장했다. 이에 대한 생각이 또 나를 찬양하게 만들었다.

연애에 성공하기 위한 중요한 방법 중 하나는 대화인데, 사랑을 주고받는 대화는 사랑을 표현할 뿐 아니라 사랑을 완성시킨다. 그렇기에 우리 주 예수 그리스도와 더 친밀한 관계를 갖는 중요한 방법은 사랑을 주고받는 것이다. 이는 우리 안의 사랑을 증대시키며 하나님으로 인한 우리의 기쁨을 강화시키고, 하나님을 향한 우리의 능력을 확장시키며 우리의 존재를 더 의미 있게 한다.

스코틀랜드의 교리문답서는 인간의 최고 목적은 '하나님을 영화롭게 하고 하나님을 영원토록 즐거워하는 것'이라고 말한다. 하나님을 온전히 즐거워하는 것이 곧 그분을 영화롭게 한다는 것이다. 하나님은 우리에게 자신을 영화롭게 할 것을 명령하심으로써 자신을 즐거워하는 삶을 살도록 우리를 초청하시는 것이다. 이러한 본성에 따라 하나님을 즐거워함으로 우리는 우리와 함께 하나님을 즐거워하도록 다른 사람들을 초청한다.

"콘월 목사님이 나오셔서 찬양과 예배를 인도하시기 전에 우리 함께 일어나 이 곡을 다시 한 번 부르겠습니다."

내가 찬양과 예배를 인도할 수 있을까 궁금했다. 그 형제가 인도하는 방식은 굉장히 쉬워 보였다. 하지만 나는 반드시 균형을 이루어야 했다. 하지만 무엇에 맞춘 균형인가? 표현해야 하는 성도들 내면의 영적 건강에 맞춘 균형인가? 하나님의 임재로 인한 자극에 맞춘 균형인가? 하나님에 대한 그들의 사랑에 맞춘 균형인가? 찬양하라는 하나님의 명령에 대한 균형인가? 하지만 찬양 없이도 우리는 영적으로 건강했었다. 하나님과 그분의 말씀으로 인해 많은 자극도 받아왔다. 그리고 찬양 없이도 많은 이타적인 행동으로 하나님을 향한 우리의 사랑을 표현해왔다. 그때는 왜 우리가 찬양하지 않았던 것일까? 왜 우리는 이제야 찬양하고자 하는 마음을 갖게 되었는가?

C. S. 루이스는 이렇게 말했다. "수줍은 마음에, 혹은 옆에 있는 사람이 지루해할까 봐 일부러 자제하지 않는 한(때로는 자제함에도 불구하고) 찬양은 기쁨이 자연스럽게 넘쳐나는 일이기도 하다는 또 한가지 사실은 놓치고 있었던 것입니다."(『시편사색』, 홍성사 역간)

수줍음, 두려움…기쁨을 억제하는 것, 바로 그것이 문제였다. 이러한 '수줍음'을 극복하기 꺼려하는 마음, 좀 더 고상하게 표현을 한다면, 우리의 자기중심적인 마음 때문인 것이다.

찬양이 끝날 즈음, 나는 재빨리 기도를 드리고 강단에 올라 이렇게 말했다. "하나님께 손을 들고, 그의 이름을 찬양합시다."

나는 모두가 나를 보고 있음을 깨달았다. 성도들과 함께 서있지 않고 그들을 마주하고 서있기 때문이었다. 몇몇 사람들이 손을 들어올리기 시작했고, 담대한 사람들은 이미 조용히 목소리로 찬양하고 있었지만, 나는 마비되었다. 팔이 움직이지 않았다. 내 앞의 성도들과 뒤에 있는 성가대가 모두 찬양하는 가운데 내가 그들을 어떻게 인도하는지 지켜보고 있음을 깨닫는 순간 나는 공포를 느꼈다. 영적인 모든 감각이 마비되었고, 나에게는 익숙한 등의 통증만 남았다. 나의 두개골 아랫부분에서 뻗어나온 넓은 노란 줄무늬가 내 척추와 골반이 만나는 지점까지 늘어나는 듯한 고통을 느꼈다. 예수님, 도와주세요! 의지적으로 나는 손을 강단 높이까지 들어올려 하나님에 대한 찬양을 표현하였다. 불안한 기침소리와 발을 끄는 사람들의 모습을 보며 자신을 의식하고 있는 사람이 나 혼자가 아니라는 것을 알 수 있었다. 우리는 찬양하기를 원했지만, 전혀 '자연스럽게 흘러가지'는 않았다.

이것은 결정적인 순간이었다. 다른 사람의 믿음과 인도 가운데에서는 어느 정도 찬양의 즐거움을 맛보았었다. 그런데 과연 우리 스스로 이를 유지하고 발전시킬 수 있을까? 어떤 대가를 치르던 간에 오늘 스스로를 이겨 내지 못한다면, 시작했던 지점에서 떨어져 오히려 상황은 더 나빠질 것이 분명했다. 이미 우리는 하나님의 약속을 맛보고 알았기 때문이다.

나는 "여러분, 예배당 앞으로 함께 모입시다. 성가대원들도 단상에서 내려와 성도들과 함께하십시오. 시편 100편 4절은 "감사함으로 그의 문에 들어가며, 찬송함으로 그의 궁정에 들어가서 그에게 감사하며 그의 이름을 송축할지어다"라고 선포하고 있습니다. 성도들이 앞으로 나오는 동안 설명을 이어갔다. "광야의 회막에서 하나님이 거하셨던 곳은 지성소였습니다. 지성소는 천막으로 둘러싸인 뜰에 있었는데, 천막에는 문이 하나밖에 없었습니다. 하나님께 나아가는 자는 누구든 그 문을 통해 들어와 뜰을 지나야만 하나님이 거하시는 성막에 갈 수 있었습니다. 그 문은 '감사'이며, 그 뜰은 '찬송'입니다. 그래서 시편 22장 3절에서는 "이스라엘의 찬송 중에 계시는 주여"라고 선포한 것입니다. 하나님이 거하시는 곳은 찬양의 궁정 한가운데 입니다. 빌립보서 4장 6절의 "너희 구할 것을 감사함으로 하나님께 아뢰라"는 말씀처럼, 하나님께 나아가고자 한다면 반드시 찬양을 통해 나아가야 합니다. 하나님 앞에서 간구하려면, 반드시 감사를 통해 나아가야 합니다.

"좋습니다." 나는 앞에 조용히 모인 모두를 바라보며 말했다. "지금 우리가 육체적으로 하나가 되었는데, 이제 적극적인 찬양으로 하나가 됩시다. 누군가 자신을 보고 있다는 생각이 들지 않도록, 우리 모두 눈을 감고 사랑하는 예수님에게만 집중합시다. 이제, 당신의 모든 의지를 동원해 하나님을 향해 손과 얼굴을 들고 사랑한다고 말하십시오."

강단에서 자유롭게 움직일 수 있도록 이동식 마이크를 차고, 손을 들어올려 성도들과 함께 하나님을 사랑한다고 말씀드렸다. 천천히 강단 끝에서 끝으로 이동하며 필사적인 마음으로 기도하고 찬양하였다.

마침내, 완전히 포기하려는 마음이 들었을 때, 나를 가로막고 있던 것들이 움직이기 시작했다. 어느 사이 찬양 소리가 커지기 시작했다.

사람들은 반만 들어올렸던 팔을 온전히 뻗었고, 숙였던 고개를 들어올렸다. 속삭이던 말은 감탄의 찬양이 되었다. 우는 사람도 있었고, 소리치는 사람, 부드럽게 찬양하는 사람, 그리고 조용히 박수를 치는 사람도 있었다. 서서히, 각 개인은 사라지고 하나님이 우리 가운데 오시는 것을 느꼈다.

표정이나 찬양하는 목소리가 바뀐 정도와 음의 높이를 통해, 누군가는 승리했고, 또 누군가는 하나님의 다스리심 안에 있다는 것을 분명히 알 수 있었다. 간단히 시작했던 찬양 세션이 누군가에게는 하나님을 직접 대면하는 시간이 되었다.

이러한 하나님의 임재 안에서의 반응은 각자의 개성만큼이나 다양했다. 하지만 이제는 더 이상 우리의 반응은 중요하지 않았다. 우리는 예수님의 발 앞에 앉은 마리아, 혹은 예수님의 부르심에 무덤에서 나온 나사로와 같았다.

찬양이 가라앉자, 나는 성도들이 함께 찬양하도록 인도하였고 이로써 하나님께 대한 예배가 새롭게 터져나왔다. 조용히, 하지만 매우 확실하게 우리는 전에 알았던 것보다 더 큰 하나님의 거룩한 임재를 의식하게 되었다. 마치 하나님의 세계와 우리 세계 사이의 간격이 메워진 것 같았으며, 영광스러운 하나님 나라의 외곽에 와 있는 것 같았다.

압도적인 평화가 예배당을 감쌌고, 마치 계속해서 해변으로 밀려드는 파도처럼 사랑과 기쁨이 교차되는 내적인 경험이 있었다. 하나님의 빛은 우리 영혼이 아주 깊은 곳을 찌르며, 숨겨진 것을 드러낼 뿐 아니라 속사람에게 생명을 주었고, 치유가 일어났다.

피아노에 앉아 나의 신호에 맞춰 반주할 준비를 하고 있었던 아내는 하나님의 천사들이 우리 가운데 걸어다니는 것을 보았다.

위기는 끝났다. 지난번 우리를 방문했던 그 형제의 큰 믿음이 없이도 찬양에 강력히 집중할 수 있게 된 것이다. 우리는 찬양하는 교회가 되는, 그 길목에 있었다.

그 해, 나의 설교의 중심은 찬양에 관한 것이었다. 찬양이 하나님의 임재로 나아가는 길임을 알았기 때문에 나는 개인 찬양, 집단 찬양, 영으로 하는 찬양, 성령 안에서 하는 찬양, 노래로 하는 찬양, 말씀과 함께하는 찬양 등에 대해 배우고 싶었다. 찬양에 대해 설교했을 뿐 아니라 계속적으로 사람들을 강단 앞에 모이게 하여 이를 연습하게 했다.

물론, 이 모든 것에는 부작용도 있었다. 우리 성도 중 일부는 이제 교회를 바꿀 때가 되었다고 결정하고 교회를 떠났다. 또 목사가 바뀔 때가 되었다고 생각하는 사람도 있었다. 하지만 나는 오히려 지금이야말로 하나님께 나아가는 새로운 길을 굳게 붙잡아야 할 때임을 확신했다.

오래 지나지 않아 우리의 새로운 예배 형식은 지역에, 그리고 우리 교단에 알려졌다. 약간의 격려와 많은 비난을 받았지만 사실 이에 대해 전혀 신경쓰지 않았다. 우리는 전에 경험하지 못했던 자유와 하나님과의 풍성한 교제를 발견하고 있었고, 다시 이전처럼 건조하고 메마른 방식으로 돌아가고 싶지 않았다.

우리는 하나님이 하시는 일에 대해 흥분하면서도 조금은 두려웠다. 찬양을 통해 하나님의 임재를 깨달았으며, 우리는 예배의 의식 너머, 생명력 있는 하나님과의 직접적인 만남 가운데 나아가게 되었다. 또한 자기 중심, 필요 중심의 모습에서 그리스도 중심의 모습으로 바뀌고 있었다. 이러한 움직임의 중심에 서있는 지금, 우리는 이 기회를 놓고 싶지 않았다.

찬양에는 우리가 예상치 못한 또 다른 유익이 있었다. 찬양은 우리 가운데 새로운 정직한 마음을 가져다주었고, 하나님에 대한 개념을 확장시켜주었다. 또한 사랑과 기쁨의 감정을 표현하는 법을 가르치는 중에 부부와 사람들의 관계의 변화가 눈에 보이기 시작했다. 부정적인 태도가 긍정적으로 바뀌었다. 또한 우리의 예배가 신원을 확인하는 자리에서 참여하는 자리로 바뀌었다. 성도들은 가족 공동체가 되었고, 하나님께 사랑을 흘려보내는 법을 배운 우리는 서로를 어떻게 사랑하는지 알아가기 시작했다.

몇 주간 계속해서 하나님은 예언의 말씀을 통해 우리의 찬양이 하나님을 기쁘시게 하고 우리를 하나님과의 따뜻한 관계로 이끌었으며 하나님이 이에 매우 만족하신다고 말씀하셨다. 특히 강력했던 한 예언의 말씀은 우리의 예배와 찬양이 하나님께 큰 기쁨이 된다고 말씀하신 것이었다.

하나님께 기쁨이 된다는 것은 새로운 생각이었다. 무슨 연유에서인지 몰라도 나는 하나님만이 우리에게 기쁨을 주신다고 생각했다. 하지만 시편의 마지막 다섯 편에서는 다음과 같이 선포하는 것을 발견할 수 있다. "여호와께서는 자기 백성을 기뻐하시며"(시 149:4), '주님, 내 영혼을 축복하소서'가 아닌 "내 영혼아 주를 송축하라"(시 104:1)고 외친다. 작은 자인 우리는 더 큰 자를 축복하며 영화롭게 하고, 높이며 극찬하고 기쁨을 주도록 초청(명령)받았다.

신약성경 가운데 두 권에도 이러한 진리가 반영되어 있다. 요한계시록 4장 11절은 "우리 주 하나님이여 영광과 존귀와 권능을 받으시는 것이 합당하오니 주께서 만물을 지으신지라 만물이 주의 뜻대로 있었고 또 지으심을 받았나이다"라고 기록하고 있다. 또 에베소서 1장 12절은 "우리가 그리스도 안에서 전부터 바라던 그의 영광의 찬송이 되게 하려 하심이라"고 말씀하고 있다.

Twentieth Century New Testament(20세기 신약)에서는 이 구절을 "우리가 그의 영광을 높이게 하려 함이라"고 번역하고 있다. 하나님이 남자를 높이도록 여자를 창조하셨던 것처럼, 하나님은 자신을 높이도록 인간을 창조하셨다. 여자가 남자의 일부가 된 것과 마찬가지로(에베소서 5장 28절에서는 "남편들도 자기 아내 사랑하기를 자기 자신과 같이 할지니"라고 명령한다) 인간은 하나님의 일부가 된 것이다.

첫 사람 아담에게 생명을 불어넣은 것은 하나님의 호흡, 하나님의 영이었다. 사람은 "하나님의 형상"대로 창조되었다. 하나님은 아담이 완전해지기 위해서는 반드시 아내와 연합해야 한다고 말씀하셨다. 그 두 사람은 하나가 되었다. 여자가 남자를 완전하게 하였고, 남자 역시 여자를 완전하게 하였다.

마찬가지로, 인간은 하나님을 완전하게 하며, 하나님은 인간을 완전하게 하신다. 이는 사람이 없이는 하나님이 사람처럼 불완전하다는 의미가 아니라, 하나님의 만족함이 사람 없이는 채워지지 않는다는 의미이다. 하나님은 사람과의 친밀한 관계를 원하고 계신다.

어린 딸이 아빠의 무릎에 기어올라 와 아빠를 안아주고 뽀뽀할 때, 이런 행동으로 아빠가 완전한 사람이 되는가? 그렇지 않다. 이런 행동이 아빠에게 필요한가? 아니다. 그렇다면 아빠가 이를 바라며 즐거워하는가? 그렇다! 이런 딸의 행동은 아빠에게 기쁨을 준다. 이와 같이 하나님을 향한 나의 사랑과 찬송의 표현은 아버지이신 하나님께 기쁨이 된다. 하나님은 자신의 일부로 나를 사랑하시며, 내가 찬양과 예배에서 사랑을 표현하며 응답할 때 주님은 즐거워하시고 진정한 기쁨을 느끼신다.

어느 아침 예배 때, 헌금으로 하나님을 예배할 준비를 하기 위해 성도들을 자리로 돌려보내면서 나는 하나님이 우리와 교제하실 때는 언제나 찬양 중이었던 것같다는 생각이 들었다. 나는 시편 29편이 떠올랐다. "영광과 능력을 여호와께 돌리고 돌릴지어다 … 그의 이름에 합당한 영광을 돌리며 거룩한 옷을 입고 여호와께 예배할지어다"(1절). 이어서 3-5절, 7-9절은 "여호와의 소리"에 대해 이야기한다. 또 시편 68편 32-33절의 "하나님께 노래하고 주께 찬송할지어다 … 주께서 그 소리를 내시니 웅장한 소리로다"라는 말씀이 떠올랐다. 우리가 찬양으로 하나님의 임재에 들어갈 때 하나님은 우리에게 말씀하시고 또한 우리의 말을 들으시기 위해 대화의 채널을 여신다는 것이다.

나는 비행수업을 받았던 당시, 교관이 무선 조종장에 나가 처음으로 날아보라고 시켰을 때 매우 긴장했던 기억이 났다. 계속 그 과정을 반복적으로 연습했지만, 이것은 '현실'이었다. 마이크를 들고 옆에 있는 버튼을 누르고, "유진 타워, 5723W, 이륙 준비"라고 말했다. 그러나 완전한 침묵이 흘렀다. 다시 내 메시지를 반복했지만 여전히 응답은 없었다. 매우 길게 느껴졌던 시간이 지난 후, 나는 다시 연결했다. 이번에는 내가 마이크 버튼을 해제하지 않았다는 것을 교관이 알아차렸다. 나는 두려움에 'on' 버튼을 해제하는 것을 잊었고, 이로 인해 나는 말할 수 있었지만 모든 수신은 차단되었던 것이다. 버튼을 해제하자 타워에서 "7, 8, 9, 0…제 말이 어떻게 들립니까, 23W?"라고 묻는 소리를 들을 수 있었다.

타워에서는 계속 무전을 하고 있었는데, 내가 마이크에 있는 '말하기 버튼'을 눌러 모든 수신을 차단한 것이었다.

기도는 자주 우리로 하여금 대화의 버튼을 해제하지 않아 하나님으로부터 오는 모든 수신을 차단하게 한다. 하지만 우리는 찬양을 통해 하나님이 우리에게 말씀하실 기회를 드릴 수 있다.

잠언은 이렇게 전하고 있다. "도가니로 은을, 풀무로 금을, 칭찬praise으로 사람을 단련하느니라"(잠 27:21).

우리는 찬양하는 중에, 예배 가운데 우리의 영이 뜨거워지며 하나님의 임재의 터치하심을 느낄 때, 마음속의 생각이나 욕구, 태도가 보이기 시작한다. 우리는 그동안 이러한 것들을 잘 처리해왔다고 생각하겠지만, 그저 우리의 무의식 속에 꾹꾹 채워 넣었을 뿐이다. 우리가 하나님의 임재 안에서 깨지고 뜨거워지면서 우리 영혼이 이런 죄들을 직면하게 되는 것이다. 그제서야 우리는 우리의 모든 죄를 예수님의 십자가에 가져갈 수 있으며 그분의 전능하신 능력과 거룩한 제련사이신 그분의 손길을 통해 죄가 제거되고 깨끗함을 받아 온전한 자유를 누릴 수 있다.

은이 틀에 부을 수 있을 정도의 순도로 정제됨을 어떻게 알 수 있느냐는 질문에 오랜 기간 제련사로 일했던 사람은 이렇게 대답했다. "저는 제 얼굴이 녹은 은에 왜곡되지 않고 그대로 비칠 때, 이제 부어도 될 준비가 되었음을 압니다."

거룩한 제련사이신 하나님께서 우리 삶에서 우리의 모습을 왜곡시키는 수많은 죄들을 제거하시기 전에 우리를 포기하시겠는가? 우리 내면의 죄들을 직면하고 그분의 손에 올려질 때까지 계속해서 우리의 삶을 단련하고, 또 단련하도록 격려하시지 않으시겠는가? 찬양은 하나님이 우리의 삶을 더 순전하게 하실 기회를 드리는 도가니이자 풀무이다. 열이 뜨거울수록, 우리 안의 사소한 죄의 문제까지도 적나라하게 드러나게 될 것이다.

찬양 시간 중에 성도들이 서로에게 찾아가 모든 것을 바로잡는 광경을 자주 보았다. 아버지들은 자녀들과의 관계를 바로잡고, 아내는 남편과, 남편은 아내와의 관계를 바로잡았다.

많은 사람들은 단지 찬양 시간에 서있는 것만으로도 구원을 받는다. 우리가 사람들에게 손을 얹을 때보다 찬양 중에 있을 때 성령님은 더 많은 사람을 충만케 하신다. 그리고 그들에게 아직 해결되지 않은 유일한 것에서 치유가 일어난다!

그 일주일간, 교회를 방문했던 사람들은 비어 있는 건물에서도 그분의 '임재를 느낄' 수 있었다. 진실로 하나님은 자신의 거룩한 임재로 가는 안전한 길을 보여주시겠다는 약속을 지키고 계셨다.

찬양의
모본

03

우리 성도들이 찬양에 들어가기 시작하던 그때, 이미 적어도 20개에 달하는 교단 출신의 다양한 성도들이 함께 예배를 드리고 있었다. 그들 중 대부분은 성령 충만했음에도 불구하고 자신을 오순절 교단으로 분류하거나, 자신의 이름이 적힌 교회 교단의 성도라고 생각하고 있었다. 사실 그들은 내적으로 자신이 수년간 예배를 드린 교단과 동일시하고 있는 것 같았다. 우리가 결코 이런 교단명을 사용한 것은 아니지만 우리 교회를 커뮤니티교회라고 분류할 수도 있었을 것이다.

그런 다양한 배경을 가진 우리 교회였기에, 찬양에 대한 생각도 다양했다. 전통적 예배의 배경을 가진 성도들이 갖고 있는 찬양의 개념은 오순절파의 찬양에 대한 개념과도 상당히 달랐고, 찬양이 적합하다고 모두가 동의했음에도 그 찬양을 적절하게 표현하는 방식에 있어서는 의견이 분분하다는 것을 알게 되었다.

우리는 지금까지 그동안 우리가 경험했던 찬양의 방식을 단순히 답습하기만 했다는 것을 깨달았고 하나님이 찬양의 패턴을 밝혀두시지는 않았는지 성경을 찾아보기로 했다. 찬양의 원형을 직접 찾는 것이 그 원형에서 '변형'된 무엇인가를 답습하는 것보다 훨씬 나은 것 같았다.

젊을 때, 목사로서 이런 원칙을 어겼던 적이 한 번 있었다. 우리는 워싱턴 주 케네윅Kennewick에 교회를 건축하는 중이었고, 온전히 자원봉사자들의 노력으로 건축이 이루어지고 있었다. 서까래를 올려야 했기 때문에, 나무를 크기와 모양에 맞춰 절단하기 위해 큰 원형톱radial saw을 빌렸다. 우리 교회의 목수 감독은 첫 번째 2×10 사이즈의 목재에 모양을 그렸고, 그 모양대로 잘랐다. 그러고는 나머지 목재도 모두 이 모양대로 자를 것을 전달했다. 작업의 대부분은 밤에 이루어졌는데, 나는 그 주에 사람들이 여러 명 모였을 때 서까래를 올릴 수 있도록 낮에 서까래를 자르는 작업을 하기로 자원했다.

그 모양을 사용한다는 것은 계속해서 24피트의 무거운 통나무를 다뤄야 하는 작업임을 알게 되었고, 내가 방금 자른 나무판이 다음 나무판을 위한 본이 되었다. 내가 할 일은 그저 마지막에 연필로 그 모양을 따라 선을 그리고 자르는 것 뿐이었다.

이렇게 빨리 일을 처리할 수 있는 법을 발견한 것이 자랑스러웠고, 미리 잘라 놓은 서까래 더미를 기쁜 마음으로 저녁 작업반 목수에게 보여주었다. 그는 내가 한 작업을 격려해주고는 서까래 올리는 일을 감독하기 시작했다.

하지만 뭔가 잘못되었음을 깨닫는 데 그다지 오랜 시간이 걸리지 않았다. 잘라 놓은 서까래의 길이가 달랐던 것이다. 잘라진 각 나무판은 그 전의 나무판보다 연필심 두께만큼 길었는데, 이는 내가 계속 원본으로 작업을 하지 않았기 때문에 벌어진 일이었다. 자를 당시에는 그런 작은 차이는 생각할 필요도 없는 것 같았지만, 이 작은 차이가 계속되다 보니 100배가 되어버린 것이다.(100개의 서까래를 잘랐기 때문이다.) 결국 그 서까래들은 사용할 수가 없어서 밤에 하려던 작업은 취소되었고, 낮에 했던 수고도 쓸모없어졌으며, 99개의 서까래는 다시 잘라야만 했다.(원본을 사용했던 첫 번째 서까래만 사용 가능했다.)

이와 같이 처음 성경에서 찬양을 배우고 찬양했던 누군가에게 배워서 그 찬양의 행동 패턴을 그대로 따라하는 사람들을 또다시 답습하여 찬양하는 것이 어리석은 일은 아닐까? 왜 처음부터 하나님이 가르쳐주신 모본을 구하지 않는가?

그래서 우리는 하나님이 가르쳐주신 찬양의 원형을 찾는 중에 우리에게 천국의 찬양 모습을 보여준 성경 두 권을 찾게 되었다.

한 권은 구약성경의 이사야서이고, 다른 한권은 신약의 요한계시록이다. 성경의 다른 기자들(특히 에스겔서)은 하늘 생물의 환상을 보았던 반면, 이사야와 요한의 경우, 살았던 시기는 수백 년 차이가 나고, 다양한 문화와 서로 다른 물리적 환경(이사야는 왕의 학자, 교사였으며 요한은 왕의 죄수였다) 가운데 서로 다른 언어를 사용했지만 천국 찬양의 웅장함을 본 후 비슷한 기록을 남겼다.

이사야 6장 1-4절에는 "웃시야 왕이 죽던 해에 내가 본즉 주께서 높이 들린 보좌에 앉으셨는데 그의 옷자락은 성전에 가득하였고 스랍들이 모시고 섰는데 각기 여섯 날개가 있어 그 둘로는 자기의 얼굴을 가리었고 그 둘로는 자기의 발을 가리었고 그 둘로는 날며 서로 불러 이르되 거룩하다 거룩하다 거룩하다 만군의 여호와여 그의 영광이 온 땅에 충만하도다 하더라 이같이 화답하는 자의 소리로 말미암아 문지방의 터가 요동하며 성전에 연기가 충만한지라"라고 기록되어 있다.

여기에서 스랍seraphim은 매우 높은 위치에 있는 천사들이다. 많은 사람들은 이들이 하나님의 천사들 중 가장 높은 위치에 있다고 생각하지만, 에스겔서에 나오는 그룹cherubim이 가장 높은 천사장이라고 생각하는 사람들도 있다(겔 1장). 이사야는 자신이 성전을 방문했을 때, 하나님을 섬기는 이 위대한 천사들이 보좌에 앉으신 하나님께 노래 혹은 소리로 서로 화답하며 찬양하고 있었다고 기록한다. 그들의 찬양 소리가 너무 커서 '문지방의 터'가 움직였다(4절). 또한 그 성전은 연기 혹은 예배의 향으로 가득했다고 한다. 그렇다면 시편 기자가 종종 찬양과 관계가 있는 큰 소리에 대해 이야기하는 것이나 신약의 기자들이 '호령'과 함께 하나님이 오실 것이라고 말하는 것도 놀랄 일은 아니다(살전 4:16).

시편 기자들과 선지자들의 훈계를 통해 여리고에서 이스라엘 백성들의 외치는 소리(수 6:20)부터 성전의 기초가 놓임을 보고 즐거이 부른 큰 소리(스 3:11-13)까지, 성경에서는 종종 소리치는 것을 예배의 한 형태로 언급한다. "그 앞에서 잠잠할지니라"(합 2:20)라는 말이 언급되는 경우는 매우 드물며, 많은 경우 우리는 소리치라는 명령을 받는다. "너희 만민들아 손바닥을 치고 즐거운 소리로 하나님께 외칠지어다"(시 47:1). "그러나 주께 피하는 모든 사람은 다 기뻐하며 주의 보호로 말미암아 영원히 기뻐 외치고 주의 이름을 사랑하는 자들은 주를 즐거워하리이다"(시 5:11).

하나님이 그 소리를 원하시거나 그 소리에 가치를 두시는 것은 아니다. 소리치는 것으로 억눌려 있는 기쁜 감정을 해소할 필요가 있는 것은 바로 우리, 인간들이다.

이전에 들었던 비유를 생각해보라. 응원하는 미식축구팀이 예상치 못하게 상대편의 패스를 가로채 터치다운까지 했다면, 이를 지켜보는 관중들의 감정은 최고조에 이르러 큰 소리를 내게 되고,

이때 종종 강렬한 제스처가 동반되기도 한다.

성도들이 보좌에 앉으신 하나님을 실제로 뵐 때에도 이와 같은 감정의 고조가 일어난다. 하나님의 일은 성취되었고, 승리하였으며 모든 것이 이루어졌다. 그 감정이 내면의 진실한 표현이라면 열광하는 찬양의 소리로 감정을 표현하는 것은 당연한 것이다.

사실 모든 사람들이 미식축구를 보면서 소리치지는 않으며, 모든 사람들이 예배를 드리며 소리치지는 않는다. 하지만 때로 소리를 지르지 않는 사람들이 진정 그 현장에서 일어나고 있는 일이 무슨 일인지 알고 있는지 궁금해진다. 우리의 모든 원수를 완벽하게 이기신 예수님을 보고도 어떻게 고조된 감정을 표현하지 않을 수 있을까? 이사야의 환상을 통해 보면 천사의 무리는 그럴 수 없었음이 분명하다. 그들은 정복자이신 예수님의 모습을 보는 것만으로도 그 이름을 크게 찬양했다!

요한계시록을 보면, 우리는 다양한 예배의 형태가 일어나는 것을 본다. 네 생물은 "거룩하다 거룩하다 거룩하다 주 하나님 곧 전능하신 이여 전에도 계셨고 이제도 계시고 장차 오실 이시라"(계 4:8)라고 소리친다. 네 생물은 하나님께 "영광과 존귀와 감사"를 돌린다(계 4:9). "이십사 장로들이 보좌에 앉으신 이 앞에 엎드려 세세토록 살아 계시는 이에게 경배하고 자기의 관을 보좌 앞에 드리며 이르되 우리 주 하나님이여 영광과 존귀와 권능을 받으시는 것이 합당하오니 주께서 만물을 지으신지라 만물이 주의 뜻대로 있었고 또 지으심을 받았나이다 하더라"(계 4:10-11)라고 기록하고 있다.

'관을 드리고' 엎드려 절하는 것 외의 모든 행위는 살아 있는 이성적인 존재가 하나님께 목소리로 드리는 청각적인 표현이다.

5장에서는 많은 천사의 무리가 4장에 나온 생물들 및 장로들과 함께한다. 요한은 "그 수가 만만이요 천천이라"(계 5:11)고 말하며 이들의 수를 계수하려 하는데, 이를 문자적으로 받아들인다면, 1억이 넘는 천사들이 모두 "큰 음성"으로 찬양을 하고 있는 것이다(계 5:12).

13절에는 "내가 또 들으니 하늘 위에와 땅 위에와 땅 아래와 바다 위에와 또 그 가운데 모든 피조물이 이르되 보좌에 앉으신 이와 어린 양에게 찬송과 존귀와 영광과 권능을 세세토록 돌릴지어다"라고 기록하고 있다. 이는 모든 피조물은 하나님을 찬양하는 데 연합하라는 시편 148편의 요구와 완벽한 조화를 이룬다. 모든 사람들이 목소리로 하나 되어 여호와를 찬양하는 날이 다가 오고 있는 것이다.

요한계시록 7장 9-10절은 또 "이 일 후에 내가 보니 각 나라와 족속과 백성과 방언에서 아무도 능히 셀 수 없는 큰 무리가 나와 흰 옷을 입고 손에 종려 가지를 들고 보좌 앞과 어린 양 앞에 서서 큰 소리로 외쳐 이르되 '구원하심이 보좌에 앉으신 우리 하나님과 어린 양'에게 있도다"라고 전하고 있다. 그 뒤 11-12절에서는 하늘의 "모든 천사가 보좌와 장로들과 네 생물의 주위에 서 있다가 보좌 앞에 엎드려 얼굴을 대고 하나님께 경배하여 이르되 아멘 찬송과 영광과 지혜와 감사와 존귀와 권능과 힘이 우리 하나님께 세세토록 있을지어다 아멘" 하며 외치고 있다.

1973년 1월 나는 콜롬비아 보고타Bogota 시내에 있는 한 장로교회에서 이 주제에 관해 사역을 하고 있었는데 그 교회의 목사님은 나의 설교를 듣고 천국에 가고자 하는 열망이 더 커졌다고 말씀해주시며, 하나님의 임재 앞에 늘 엎드려 예배하는 이십사 장로들을 보고 싶어 하셨다. 요한계시록에 적힌 장로들에 관한 모든 말씀은 그들이 예배하고 있는 모습을 보여준다.

천국에서 한 무리가 노래로 자신들의 찬양을 표현한다. "하나님의 종 모세의 노래, 어린 양의 노래를 불러 이르되 주 하나님 곧 전능하신 이시여 하시는 일이 크고 놀라우시도다 만국의 왕이시여 주의 길이 의롭고 참되시도다 주여 누가 주의 이름을 두려워하지 아니하며 영화롭게 하지 아니하오리이까 오직 주만 거룩하시니이다 주의 의로우신 일이 나타났으매 만국이 와서 주께 경배하리이다 하더라"(계 15:3-4).

모세의 노래와 어린 양의 노래는 구원의 노래다. 두 노래는 모두 이미 이루어진 일을 선포한다. 구원을 바라보며 하는 믿음의 노래가 아닌, 이미 이루어진 구원을 되돌아보며 드리는 사실에 대한 노래이다. 이 무리는 그리스도가 완성하신 일을 기억하며 찬양하고자 하는 것이다.

19장에서는 다시 음성과 경배, 엎드림과 하나님의 위대함을 선포하는 큰 예배와 찬양을 볼 수 있다. 너무나 압도적인 찬양 앞에 요한은 형용할 말을 잃은 것처럼 보인다. "또 내가 들으니 허다한 무리의 음성과도 같고 많은 물 소리와도 같고 큰 우렛소리와도 같은 소리로 이르되 할렐루야 주 우리 하나님 곧 전능하신 이가 통치하시도다"(계 19:6). 허다한 무리의 음성과 떨어지는 폭포 같은 뇌성과 같은 찬양이다!

천국에 대한 이러한 환상을 통해 우리는 찬양의 본질과 기능에 대한 기초를 배웠다. 찬양은 목소리로 하는 것이며, 때로는 아주 큰 소리로 이루어진다. 화답하는 형식일 때가 있으며, 연합할 때 그리고 홀로 부를 때가 있다. 노래로 부를 때도 있지만, 그보다는 소리를 치는 경우가 더 많다. 하나님 앞에 서서 손을 들고, 엎드려 절하고 왕관을 드리며 노래하는 경우도 있다.

우리는 이러한 형식이 성경의 요구 사항이나, 시편에서의 찬양과 유사한 것으로 우리에게 하는 권고라고는 생각하지 않았다. 당연히 그렇게 해야 하고, 그렇게 행해졌던 것이 아니라, 과거 거룩한 사람들이 실제로 천국에서 일어나는 일을 목격한 것이라고 생각했다. 하지만 바로 이것이 거룩한 찬양의 모본이며, 우리에게 본이 되는 찬양의 규약이다! 이 원형에 미치지 못하는 것은 괜찮겠지만, 그럴 경우에는 반드시 '사람의 형식을 따른 찬양'이라는 꼬리표는 받아들여야 할 것이다.

찬양의 모본을 찾는 동안, 우리는 천사들이 인간과 소통하라는 임무를 받은 경우가 많았다는 점에 주목했다. 천사들의 대화에는 보통 하나님에 대한 찬양이 포함되어 있었다. 가장 잘 알려진 예로 예수님의 탄생을 알리기 위해 베들레헴의 산비탈에 있던 목자들에게 천사들이 나타났을 때를 들 수 있다. "홀연히 수많은 천군이 그 천사와 함께 하나님을 찬송하여 이르되 '지극히 높은 곳에서는 하나님께 영광이요 땅에서는 하나님이 기뻐하신 사람들 중에 평화로다' 하니라 … 목자들은 자기들에게 이르던 바와 같이 듣고 본 그 모든 것으로 인하여 하나님께 영광을 돌리고 찬송하며 돌아가니라"(눅 2:13-14, 20).

성경에서는 하나님께 대한 찬양과 찬미에 대해 너무 많은 서로 다른 용어를 사용하기 때문에, 때로는 말씀 가운데 찬양과 찬송의 제대로 된 역할을 보지 못하고 놓칠 때가 있다. 천국의 찬양에 대한 이러한 모습은, 우리 성도들이 모든 찬양이 예배라는 것을 알도록 하는 데 도움이 되었다. 우리는 때로 찬양을 예배의 '목소리로 드리는 부분vocal end'이라고 부른다. 이는 기도의 일부이자, 감사의 한 부분이며 기쁨의 표현일 뿐 아니라 '더 낮은 자'가 '더 큰 자'를 축복하는 것이다.

얼마 지나지 않아 우리는 찬양에 대해 유사하거나 비슷한 구절을 스무 개 이상 찾았다. 그 중 몇 구절은 목소리로 찬양을 표현하는 다양한 방식에 관한 것이었다. 또 몇 찬양 중 손을 사용하는 것에 관한 구절도 있고, 찬양 중 몸의 자세에 관한 직접적인 내용도 있다.(찬양에 대해 진지하게 배우고자 하는 사람은 책의 부록에서 찬양의 방법에 대한 구절 목록을 찾아볼 수 있다.)

나는 일 년 동안 거의 찬양에 관해서만 설교했고, 성경 전체에서 찬양에 대해 얼마나 다양하게 가르치고 있는지 알아보기로 했다. 일 년 동안 성경을 다시 읽으면서 주황색 펜으로 찬양을 언급하는 구절에 줄을 쳤다. 정확히 내가 찾고자 하는 내용이었음에도 불구하고, 그렇게 자주 언급되고 있다는 사실에 나는 계속 놀랐다.

찬양이 시편에만 국한되는 것이 아니라는 점과 찬양은 사람으로부터 시작된 것이 아니라 하나님으로부터 시작되었음이 너무나 분명해졌다. 찬양은 선의의 종교인들이 한 명령이 아니라, 하나님이 하신 명령이다!

찬양의 시작이 사람으로 기인한 것이었다면 우리에게는 찬양을 비판하고, 고치고, 의문을 제기하거나 우리 시대에 맞지 않다며 완전히 무시할 권리도, 책임도 있었을 것이다.

하지만 찬양의 기원이 하나님이 계신 천국에 있기에 우리는 이를 받아들이고 이에 참여해야만 한다고 생각했다. 우리는 찬양과 예배의 원형이 가장 순전한 신앙에 대한 도전으로써 '예배'라고 불리는 현재의 산물과 큰 차이가 있음을 보았다.

우리는 가장 최근에 자른 나무를 다음 서까래를 위한 본보기로 사용해왔던 것이다. 이제는 다시 원래의 거룩한 모본으로 돌아가 '우리의 첫 작업을 새로 시작해야' 할 때이다.

04

찬양의
패러다임

1950년대 초, 워싱턴 주 케네윅에서 내가 사역하던 교회에는 사람들이 너무 많아 교회가 이를 다 수용할 수 없어 재건축을 해야 했다. 하지만 어떻게, 무엇을 건축해야 하나? 사람들이 많았던 만큼, 많은 아이디어들이 쏟아졌다. 모두가 원래 있던 것과 같은 교회를 세우고 싶어 하는 것 같았다.

나는 교단 소식지denominational Paper에서 관심을 끄는 한 교회의 사진을 보았다. 동해안East Coast에 있는 그 교회 목사님께 편지를 보내 연구용으로 설계도를 빌릴 수 있는지 여쭤보았다. 그 목사님께서 보내주신 스케치와 입면도는 우리에게 필요한 구조였고, 나와 위원회 사람들 모두가 이에 만족하였다. 그 구조는 우리가 생각하는 건물에 아주 잘 맞을 것 같았고, 작업도 간단해서 남자 성도들이 대부분의 건축 작업을 할 수 있을 정도였는데, 그럼에도 그 지역에 있는 집들과 잘 어울리는 스타일의 구조였다.

우리는 성도들의 즉각적인 승인을 기대하며 게시판에 건축가의 설계도를 붙여 놓았다. 하지만 승인을 얻는 대신, 곧 우리는 성도들이 설계도에서 제안하고 있는 구조를 시각화하지 못해 혼란을 느끼고 있음을 알게 되었다. 설계도를 입체적으로 변형시키지 못했던 것이다. 우리 건물에 딱 맞는 모형이라고 생각했던 설계도였음에도, 사람들은 혼란스러워했다.

그렇게 2주가 지난 후, 나는 무언가 조치를 취해야겠다는 생각에 축적모형을 만들기로 결정했다. 작업시간이 많이 걸렸지만 조명을 포함하여 모든 세부사항이 정확히 반영되었을 때 교회 앞 설계도 자리에 그 모형을 전시했다. 거의 대부분이 만족하는 반응이었다. 건축가가 마음속에 그리고 있는 것의 실제 모형을 볼 수 있게 되자 성도들은 이에 열광했다. 그 주에 있었던 공동의회에서 성도들은 만장일치로 '그 모형대로' 건축하기로 투표하였다. 그리고 한 주 만에 우리는 공사에 착수했다.

이와 마찬가지로, 가끔 우리는 하나님의 모본을 실행에 옮기는 것에 어려움을 느낀다. 영적인 것을 제대로 시각화하거나 이해하지 못하기 때문이다. 우리는 우리의 감각에 너무 의존하고, 또한 지식의 습득은 아는 것에서 알지 못하는 것으로 나아가야 하기에 하나님은 종종 우리에게 천국의 실상을 이 땅에서 보여주는 패러다임, 즉 모델을 보여주신다.

구약에는 후에 될 일의 실상을 보여주는 이러한 모델과 유형, 상징이나 패러다임이 많이 나타난다. 요셉의 삶에서 보여지는(100가지 이상 되는) 그리스도의 풍성한 모습, 또한 아브라함에게 볼 수 있는 신앙의 패턴, 그리고 유월절에 희생되는 어린 양에게서 볼 수 있는 구원의 방식에 전율하지 않을 사람이 누가 있는가? 이러한 모형은 우리에게 앞으로 일어날 일에 대한 맛보기와 예시, 그리고 개념을 나타낸다. 공항에 도착했을 때 상대방이 나를 쉽게 알아볼 수 있도록 도착하기 전에 그곳 목사님에게 내 사진을 보내는 것처럼, 그 일이 이루어졌을 때이 실상을 깨달을 수 있도록 하는 이러한 모형과 상황들은 우리의 이해를 도와준다.

물론 성경에는 내가 발견한 것보다 훨씬 많은 찬양의 모형이 있지만, 그 중에 찬양이 무엇인지 우리에게 풍성하게 설명해주는 세 가지 중요한 모델이 있다.

찬양의 패러다임, 유다

성경에서 '찬양'이라는 단어는 창세기 29장 35절에서 '찬양'이라는 뜻의 이름을 가진 유다의 출생과 관련하여 제일 먼저 등장한다.

이 본문에는 야곱의 두 아내 레아와 라헬 사이의 심각한 갈등이 나타난다. 레아는 결혼식에서 아주 심한 속임수로 강제로 야곱과 혼인하였는데(야곱은 라헬을 위해 7년간 봉사했었다), 원하는 것이라고는 남편의 사랑밖에 없었기에 야곱의 세 아들 르우벤과 시므온, 그리고 레위를 낳았다. 셋째 아들을 낳을 때 레아는 자신과 야곱이 진정으로 '연합'했다고 생각했다(창 29:34). 그 전까지는 법률적이고 육체적인 연합이었지만, 이제는 결혼으로 인한 하나 됨 안에서 영적으로 연합했다고 느꼈다. 이 '연합' 이후, 서로 진정한 영적 관계가 되었고, 레아는 다시 임신하여 아들을 낳았다. 이 상황에서 성경은 "내가 이제는 여호와를 찬송하리로다 하고 이로 말미암아 그가 그의 이름을 유다[찬송함]"(창 29:35)라고 선포한다.

이는 얼마나 찬양 사역에 대한 알맞은 소개인가. 단순히 찬양을 하게 하시는 하나님과의 '율법적' 관계가 아닌, 하나님과 영, 혼, 그리고 육적인 관계로 이끄는 '영적인' 연합이기 때문이다.

완전한 연합 가운데 자라난 이 아들은 가정과 부족 그리고 민족의 가장이 되었고, 모두 찬양이라는 그의 이름을 새기고 있다. 유다로부터 위대한 왕 다윗, 그리고 다윗보다 더 위대한 우리 주 예수 그리스도가 나셨다! 성경 어느 곳에서라도 유다를 발견한다면, 언제나 찬양을 의미한다는 것을 염두에 두라.

구약의 네 가지 중요 구분을 통해 유다에 관한 중요 참고 구절을 살펴보자.

모세 오경에서의
유다

성경의 첫 다섯 권을 의미하는 모세 오경에서는 유다의 이름이 40회 이상 등장한다.

이러한 율법책의 역사적 사실은 유다가 완벽하거나 그의 행위가 하나님께 온전히 기쁨이 되지 않았음을 드러낸다. 그러나 야곱은 죽을 때 아들들을 침상에 불러 각 아들에게 예언적인 말을 하였는데, 유다를 향한 그의 유언은 이러했다.

"유다는 사자 새끼로다 내 아들아 너는 움킨 것을 찢고 올라갔도다 그가 엎드리고 웅크림이 수사자 같고 암사자 같으니 누가 그를 범할 수 있으랴 규가 유다를 떠나지 아니하며 통치자의 지팡이가 그 발 사이에서 떠나지 아니하기를 실로가 오시기까지 이르리니 그에게 모든 백성이 복종하리로다"(창 49:9-10).

나는 우리 주 예수 그리스도의 오심에 대한 확실한 예언인 이 구절의 기본적 의미에 관한 학자들 간의 의견 차에 대해서는 잘 모른다. 미국의 신학자 제임스 스트롱James Strong은 자신이 집필한 완벽한 성경 주석서에서, 실로라는 단어에 대해 '메시아의 별칭'이라고 전한다. 주석서는 예수님에 관해 이렇게 설명한다. "유대 지파의 사자 다윗의 뿌리가 이겼으니 그 두루마리와 그 일곱 인을 떼시리라 하더라"(계 5:5).

유다가 사자이든 법 제정자이든 간에, 메시아이자 실로인 그리스도가 찬양인 유다로부터 나온다는 약속인 것이다. 우리의 구원이자 방패, 우리를 향한 지시가 계속 찬양으로부터 나온다는 것이 아닌가? 찬양하지 않는 자들은 "우는 사자 같이 두루 다니며 삼킬 자를 찾는"(벧전 5:8) 대적의 공포 속에서 사는 반면, 진정으로 찬양하는 자들은 유다 족속의 사자가 마귀의 모든 공격을 이기셨다는 믿음 안에 산다. 시편 81편은 우리가 하나님을 찬양한다면, "너희 중에 다른 신을 두지 말라"(시 81:9)고 가르친다. 찬양은 우리 세대의 악한 행동이 발현되는 것에 대한 우리의 가장 위대한 방어책이다.

찬양에 대한 또 다른 시각적 설명은 하나님이 이스라엘 백성에게 말씀하신 광야에서 진을 치는 순서에서 나타난다. 민수기 2장 2-3절에 따르면 유다 지파의 진은 돋는 해와 회막으로 들어오는 유일한 입구를 바라보는 동쪽에 위치해 있었다.

수평선 너머로 "공의로운 해"(말 4:2)가 떠오를 때 그 빛을 처음으로 받는 자는 언제나 찬양하는 자들이었다. 찬양하는 자들은 어둠을 가르며 떠오르는 해를 기대하면서 그 빛에 얼굴을 향하고 있기 때문이다. 그 후에야 다른 사람들은 빛을 보게 될 것이다. 찬양하는 자는 떠오르는 태양의 첫 광선을 볼 것이다!

회막의 동쪽을 향해 바로 펴든 사자의 문양을 지닌 것이 유다 지파의 군기다. 유다 지파보다 예배 장소에 쉽게 출입할 수 있는 사람은 제사장뿐이었다. 진영 내 모든 사람들이 회막과 예배 장소의 바깥뜰에 출입할 수 있었지만, 그곳까지 오는 것만으로도 거의 여행이나 다름없었다. 하지만 찬양하는 자들인 유다 지파는 회막 문 바로 옆에 거했다! 하나님이 임재하시는 곳에 출입할 수 있는 자들 중에는 물론 찬양하지 않는 자들도 있었겠지만, 그곳까지 가는 길은 멀고, 고되며 지치는 길이고, 결국 도착한다 하더라도 이 뜰의 이름과 마찬가지로 찬양을 통해서만 들어갈 수 있었다.

신명기 33장 7절에는 '찬양'(유다)에 대한 네 배의 축복을 기록하고 있다. 모세는 이스라엘의 열두 지파에 대해 예언하며 축복했는데, 유다 지파에 대해서는 "여호와여 유다의 음성을 들으시고 그의 백성에게로 인도하시오며 그의 손으로 자기를 위하여 싸우게 하시고 주께서 도우사 그가 그 대적을 치게 하시기를 원하나이다"라고 축복하였다. 이 역시 찬양의 실제적인 모형이다. 먼저 모세가 하나님께 유다의 음성, 즉 찬양을 들어달라고 한 것을 주목하라. 찬양은 어떤 방해 세력도 뚫을 것이며 하나님은 귀 기울이실 것이다.

둘째로 모세는 '찬양'이 가족을 하나 되게 하는 것이 되어야 한다고 간청한다("그의 백성에게로 인도하시오며"). 하나님이 찬양을 사용하셔서 이 시대에 하나님의 지체인 믿는 자들을 하나 되게 하시는 것은 얼마나 감동적인 일인가. 찬양은 각자 다른 배경과 생각을 지닌 믿는 자들을 하나로 모으고, 그들이 예배와 교제, 가족 안에서 하나 되게 하는 자석이다.

셋째로 찬양은 과업과 동일한 힘이 있는 것임을 주목하라("그의 손으로 자기를 위하여 싸우게 하시고"). 이러한 관점에서 시편 기자가 "여호와의 영예와 그의 능력과 그가 행하신 기이한 사적을 후대에 전하리로다"(시 78:4)라고 하며 하나님께 능력과 함께 찬양을 올려드리는 것은 얼마나 적절한가. 그리스도인의 힘의 비밀은 찬양하는 마음이다! 성경도 이렇게 선포하고 있다. "여호와로 인하여 기뻐하는 것이 너희의 힘이니라"(느 8:10 하).

넷째, 유다의 축복의 약속은 "주께서 도우사 그가 그 대적을 치게 하시기를 원하나이다"라는 말에 포함되어 있다. 찬양하는 자는 찬양하지 않는 자가 얻지 못하는 거룩한 보호를 받는다는 것을 잊지 말라. 도움에 대한 약속은 유다, 즉 찬양하는 자에게 주어졌다.

역사서에서의 유다

우리는 율법서를 통해 예언적으로 유다를 살펴보았다. 역사서에서는 찬양을 하는 유다를 본다. 여호수아 14장에는 요단 너머에 있는 땅을 정찰하는 12명의 정탐꾼 중 하나로 유다 지파에서 선택된 갈렙에 관한 이야기가 있다. 여호수아와 함께 갈렙은 믿음으로 결과를 보고하는데, 그 보고는 받아들여지지 않았지만 하나님은 하나님을 신뢰하지 않는 이스라엘 백성들이 광야에서 죽고 그곳에 묻히기까지 40년 동안 광야를 떠도는 가운데에서도 갈렙이 생존하도록 허락하셨다. 14장에서 갈렙은 부정적이었던 10명의 정탐꾼에 대항하여 자신과 여호수아가 어떻게 믿음으로 보고했었는지를 여호수아에게 상기시킨다. 갈렙은 "나는 내 하나님 여호와께 충성하였으므로"(수 14:8) "여호와께서 말씀하신 대로 나를 생존하게 하셨나이다"(10절) "모세가 나를 보내던 날과 같이 오늘도 내가 여전히 강건하니"(11절) "이 산지를 내게 주소서"(12절)라고 선포한다.

찬양의 지파였던 갈렙은 불순종, 멸망과 소멸, 그리고 상속권이 박탈되는 과정에서 보호를 받았다. 그리고 이스라엘 백성들이 그렇게 두려워했던 거인, 즉 아낙 자손의 땅을 유산으로 취했다. 찬양하는 자에게 찬양이 어떤 영향을 주는지 찬양의 작은 모델을 보여주신 하나님께 감사드린다.

찬양하는 자 갈렙이 보여준 네 가지 성공 영역은 종종 우리 그리스도인들이 열정을 내는 주된 목표가 된다. 찬양 지파의 갈렙은 이러한 영역에서 성공한다.

사사기 1장 1-2절은 "여호수아가 죽은 후에 이스라엘 자손이 여호와께 여쭈어 이르되 우리 가운데 누가 먼저 올라가서 가나안 족속과 싸우리이까 여호와께서 이르시되 유다가 올라갈지니라 보라 내가 이 땅을 그의 손에 넘겨 주었노라"고 전한다. 찬양이 전쟁에 먼저 임해야 하는 것이다! 하나님은 이미 그 땅을 찬양, 즉 유다의 손에 넘겨주셨다.

모압과 암몬 족속이 몰래 침략해 들어왔을 때 유다 왕 여호사밧에게 이와 같은 사실이 문자 그대로 입증되었다(대하 20장). 하나님은 선지자를 통해 여호사밧에게 "서서 너희와 함께한 여호와가 구원하는 것을 보라"(대하 20:17)고 말씀하신다. 여호사밧은 하나님을 찬양했고, 군대를 보내기에 앞서 하나님을 노래하는 자들을 보냈다(21절). 군대를 보내기 전에 합창대와 오케스트라 단원들을 보낸다고 상상해보라! 하지만 이 작전이 통했는데, 하나님이 회막에서 움직이셔서 적들이 서로를 대항하여 자멸하게 하셨다. 유다 군인은 칼을 꺼낼 필요도 없었고, 사흘 동안이나 죽은 적군의 전리품을 취했다.

하나님을 위해 전쟁하는 법을 배우려는 성도들은 먼저 어떻게 찬양하는지를 배워야 한다. 하나님은 남은 상대편 군인들이 전쟁을 시작하기 전에 적들을 쫓아내시기 위한 충격용 군대인 찬양을 보내시기 때문이다.

우리가 오레곤 유진에서 건축 프로그램을 시작하던 때, 나는 개인적으로 찬양을 사용해 볼 수 있는 기회가 있었다. 그 프로그램의 첫 단계는 기존 교회에 있는 지붕을 제거하고 그곳에 합쳐지는 구조물의 높이에 맞게 벽을 올려야 했다. 우리가 낡은 지붕을 뜯어내자마자 보안관은 우리에게 정지명령을 전달했다. 그 명령에 따르면, 우리가 공사를 계속할 경우, 공사가 이어지는 동안 매일 400달러의 벌금을 내야 한다는 것이다. 내가 알기로 우리는 합법적으로 건축 허가를 받았고 카운티의 요구조건은 모두 충족한 상태였다. 나는 즉시 카운티 정부의 건축부서로 전화를 걸었는데, 우리 건물이 용도지역 조례의 사선제한을 위반한 사실을 알게 되었다. 나는 이를 인정하였다. 하지만 1년 전, 도시계획위원회로부터 이 조항에 대한 면제권을 받았음도 알렸다. 나와 통화했던 관리는 그러한 특례에 대해 알지 못했고, 그가 가진 서류로는 이를 확인할 수가 없었다. 내가 가지고 있는 사본을 보내주었지만 그는 그 사본을 인정하지 않았다. 휴가 중인 비서가 돌아와 자신의 서류에서 공식 사본을 찾을 때까지 기다릴 것이라고 했다.

오레곤에 살았던 사람이라면 누구나 알겠지만, 오레곤은 시도 때도 없이 비가 오는 곳이다. 우리 교회는 비로 인한 피해에 완전히 노출되어 있었다. 재료도 모두 확보되었고, 일주일 안에 새로운 지붕이 완료되도록 일정에 맞춰 작업할 사람들도 이미 충분히 확보된 상태였다. 공사가 지연된다는 것은 거의 수백 달러에 달하는 손해를 보는 것을 의미했다. 그렇다고 공사를 계속하자니 벌금과 처벌을 받게 될 것이었다.

나는 같이 작업하는 사람들에게 이러한 상황을 알리고 함께 기도에 동참해줄 것을 요청했다. 그리고 내가 기도실에서 기도하는 동안 작업을 계속하도록 지시했다. 기도실 의자에 공식 문서를 올려두고 하나님께 이를 읽어보시라고 보여드렸다. 그리고 이렇게 어려운 상황을 헤쳐나가기 위해 하나님을 찬양하기 시작했다. 기도실에서 손을 들고 이리저리 걸으면서 우리 건축을 방해하는 이 상황을 멈추어 달라며 하나님께 찬양을 올려드렸다.

한 시간 정도 지난 후, 전화벨이 울렸다. 조금 전에 겪은 불편함에 대해 사과하기 위해 도시계획위원회 회장이 전화를 한 것이다. 문제가 됐던 문서를 찾았고, 이번 일은 명백히 그들의 실수였고, 책임도 그들이 져야 하는 상태였다. 나는 이전에 작성된 법적 문서에 대한 보호 장치로써 공사를 재개할 수 있도록 서면 허가증을 받을 수 있겠냐고 물어보았다. 한 시간도 채 안 되어 그 관리는 직접 서면으로 된 사과문을 가져왔다. 카운티 관리와 한 달 이상 걸릴 수도 있었던 번거로운 사건이 단지 하나님을 찬양하는 것으로 인해 두 시간도 안 되어 해결된 것이다. "유다[찬양]가 [먼저] 올라갈지니라."

사무엘하 2장에서는 전쟁에서 사울이 죽은 후, '다윗에게 기름 부어 유다 족속의 왕으로 삼은'(4절) 사람들이 바로 찬양하는 자들, 즉 유다 족속이었음을 볼 수 있다. 처음으로 그리스도를 만유의 주로 보좌에 올려드린 사람들도 찬양하는 자들이었다.

8-9절에서는 아브넬이 이스보셋을 선택하고 그를 "온 이스라엘의" 왕으로 기름부었다고 전한다. 하지만 유다 족속들은 하나님이 다윗을 왕으로 세우신 것을 알았고, 하나님의 선택하신 자 곁에 섰다. "유다 족속은 다윗을 따르니"(10절). 다윗이 모두에게 왕으로 인정받기까지는 7년 반이 걸렸다. 그 기간 동안 유다는 하나님이 선택하신 지도자를 모시고 그에게 충성하는 즐거움을 누렸다. 찬양하는 자들은 대체로 '처음' 시작하는 부류에 속해 있다.

찬양은 선포하는 자를 낳는다. 그 예는 열왕기상 13장 1절의 "보라 그 때에 하나님의 사람이 여호와의 말씀으로 말미암아 유다에서부터 벧엘에 이르니"라는 말씀에서 볼 수 있다. 우리 주위에는 하나님의 일을 하는 사람들과 복음 사역자들이 많이 있다. 하지만 보통 그 사역자들이나 복음 전도자들, 특히 '하나님의 사람'이라고 불리는 그들은 유다 족속, 즉 찬양 족속에서 나온다. 하나님이 예배자들, 찬양하는 자들, 하나님의 임재를 이해하는 사람들과 그 안에 편안함을 느끼는 사람들을 고르시는 것 같다. 신학교와 성경학교에 찬양에 대한 강의가 많지 않다는 것은 부끄러운 일이다.

역대상 12장 23-40절 말씀에는 사울 왕국과의 전쟁에서 다윗을 도우러 왔던 사람들의 명단이 나온다. 첫 번째 족속은 '방패와 창을 가진 유다 자손'이었다. 찬양하는 자들은 믿음의 방패와 두 날 가진 칼을 어떻게 사용하는지 알고 있었다. 이들은 전쟁하는 사람들이었다. 열거된 족속 중, 유다 지파와 납달리 지파만이 방패와 창을 든 자들이라고 적혀 있다. 찬양하는 자들은 공격과 마찬가지로 방어에도 능했다! 찬양하는 사람은 '불화살'에 맞서 자신을 드러내지 않고도 적을 밀어낼 수 있다.

시가서에서의 유다

시가서에서는 찬양을 매우 직접적으로 다루고 있는데, 시편에서도 찬양의 모델로 유다에 대해 다룬다. "유다의 딸들은 즐거워할지어다"(시 48:11). "유다의 딸들이 즐거워하였나이다"(시 97:8). 찬양하는 자들과 그의 자녀들은 하나님의 약속보다도 약속의 하나님을 대하고 있기 때문에 즐거움과 기쁨을 안다.

시편은 "하나님이 시온을 구원하시고 유다 성읍들을 건설하시리니 무리가 거기에 살며 소유를 삼으리로다"(시 69:35)라고 말하며 "유다는 여호와의 성소가 되고"(시 114:2)라고 전한다. 찬양하는 자들은 거주할 곳을 갖게 될 것이며 그렇게 함으로써 그곳은 하나님이 머무실 안식처가 될 것이다. "이스라엘의 찬송 중에 계시는 주여 주는 거룩하시니이다"(시 22:3).

**예언서에서의
유다**

예언서에서 유다는 290회 이상 언급된다. 호세아 10장 11절은 "유다가 밭을 갈고"라고 전한다. 삶의 행동 양식에 있어, 게으름이나 짓밟는 발로 인해 돌처럼 굳어진 준비되지 않은 땅에 씨를 뿌리는 것은 얼마나 어리석은 일인가. 선지자는 씨를 뿌리기 전, 찬양으로 밭을 잘 갈 수 있다고 한다. 몇 년간 찬양하는 성도들의 목회자로서 사역한 나는 이 말이 진리라는 것을 확실히 증명할 수 있다. 우리가 예배 중 한마음으로 찬양하기 시작한 이후, 우리 가운데 수확이 크게 증가하는 것을 보았다. 찬양은 사람들의 마음을 돌리고 부드럽게 하며 하나님 풍성한 말씀을 받을 준비가 되게 한다.

호세아 11장 12절은 "유다는 하나님 곧 신실하시고 거룩하신 자에게 대하여 정함이 없도다"라고 우리에게 전한다. 많은 사람들이 교회에서 권위, 통치력, 직위 및 위치에 매우 사로잡혀 있는 때에 찬양, 즉 유다 족속이 여전히 하나님과 함께 다스리고 있다는 이 말씀은 우리에게 용기를 북돋아준다. 우리 모두가 다 사도의 직분으로 하나님 앞에 나갈 수는 없다. 하지만 찬양으로 나갈 수는 있으며, 그래서 하나님과 함께 다스릴 수 있다.

요엘 3장 18절은 "그 날에 산들이 단 포도주를 떨어뜨릴 것이며 작은 산들이 젖을 흘릴 것이며 유다 모든 시내가 물을 흘릴 것이며 여호와의 성전에서 샘이 흘러 나와서 싯딤 골짜기에 대리라"고 약속한다. 오늘날 성령이 움직이시는 것을 보면, 이 말은 정말 참되다! 찬양하는 사람들로부터 종교의 메마른 골짜기에 물을 대는 성령의 새로운 샘이 흐르고 있다. 찬양은 단순히 성령이 넘쳐흐르는 것일 뿐 아니라 그러한 영적 흐름의 원천, 즉 성령의 흐름의 근원인 것이다! 사무실에서, 혹은 집에서 메마른 하루를 보낸 후, 찬양은 성령의 물이 솟구치게 할 수 있는 것이다. 20절에서는 "그 유다는 영원히 있겠고 예루살렘은 대대로 있으리라"고 덧붙인다. 찬양은 약 70년 전 오순절파에서 나온 현재의 은사주의적 운동에 있어서 새로운 것은 아니다. 찬양은 늘 있었고, 앞으로도 늘 있을 것이다.

구약성경의 마지막 책인 말라기서는 "그 때에 유다와 예루살렘의 봉헌물이 옛날과 고대와 같이 나 여호와께 기쁨이 되려니와"(말 3:4)라고 확언한다. 말라기 3장의 첫 세 구절에서는 그의 백성들의 삶에서 하나님의 일하심에 관해 이야기하며, 4절에서 그 이유를 밝히는데, 이는 찬양이 여호와께 다시 한 번 기쁨이 될 것이기 때문이다.

유다는 얼마나 훌륭한 찬양의 모델이자 형식인가! 불완전하며, 반항적이며, 때로는 성급하고 때로는 느리지만, 그들은 여호와께 기쁨이 되는 찬양의 봉헌물이 되고자 하였다.

찬양의 패러다임, 예배의식

하나님은 그의 백성들에게 예배의 모본을 주지 않으시고서 예배를 명령하시지는 않았다. 예배에 있어 찬양이 중요한 부분인 만큼, 우리는 하나님께서 요구하신 예배 의식에 녹아 있는 찬양에 관한 모본을 찾고자 하였다. 구약의 예배가 고백과 흠 없는 짐승의 죽음, 그리고 금식의 지루한 반복이라고 생각하는 사람들이 있는 것 같다. 하지만 그것이 다가 아니다. 예배는 훨씬 많은 부분에서 근엄한 금식보다는 즐거움과 감사, 그리고 축제로 특징지어진다.

예를 들어 축제일에 관한 구절을 살펴보자. 이러한 축제 중에는 히브리 남자들이 의무적으로 모두 이 축제일에 맞춰 예루살렘으로 올라가야 했던 세 가지의 축제가 있다. 바로 첫째, 유월절(무교절이라고도 함), 둘째, 오순절(칠칠절, 맥추절, 초실절이라고도 함), 그리고 셋째, 초막절이다. 이 세 가지 의무적인 축제 외에도 두 가지 선택적인 축제가 있는데, 이는 이스라엘의 새해를 알리는 '나팔절과 속죄일'이다.

이러한 모든 축제는 즐거운 시간이자, 가족들이 정기적으로 모이는 시간이었다. 바친 희생제물 중 일부분은 형식적인 표시로 제사장에게 드려졌고, 나머지 부분은 축제 때 그 희생제물을 드린 사람에게 다시 돌아갔다. 이는 과거 '바구니를 가져와 하는 식사' 혹은 최근에 각자 한 접시씩 가져와 많은 사람이 함께 즐기는 식사와 같은 것이었다. 지금과 마찬가지로 당시에도 축제의 중심은 먹고, 마시고, 교제하고 즐기는 것이었다.

예루살렘과 성전, 그리고 예배를 재건하는 기간에 느헤미야와 에스라는 사람들을 수문 옆 거리로 모아 하나님의 율법을 읽어주었다. 느헤미야 8장 8-10절, 12절에서 그에 대한 반응을 볼 수 있다. "하나님의 율법책을 낭독하고 그 뜻을 해석하여 백성에게 그 낭독하는 것을 다 깨닫게 하니 백성이 율법의 말씀을 듣고 다 우는지라 총독 느헤미야와 제사장 겸 학사 에스라와 백성을 가르치는 레위 사람들이 모든 백성에게 이르기를 오늘은 너희 하나님 여호와의 성일이니 슬퍼하지 말며 울지 말라 하고"(8-9절). 이는 모든 백성이 율법의 말씀을 듣고 울었기 때문이었다. "느헤미야가 또 그들에게 이르기를 너희는 가서 살진 것을 먹고 단 것을 마시되 준비하지 못한 자에게는 나누어 주라 이 날은 우리 주의 성일이니 근심하지 말라 여호와로 인하여 기뻐하는 것이 너희의 힘이니라 하고"(10절). "모든 백성이 곧 가서 먹고 마시며 나누어 주고 크게 즐거워하니 이는 그들이 그 읽어 들려 준 말을 밝히 앎이라"(12절).

이것이 원래 하나님의 성일을 즐거워하는 방식이었다. 엄숙한 부분이 확실히 있지만, 그와 동일하게 즐거워하는 부분도 있다. 금식할 때가 있지만 또한 즐거워할 때가 있으며, 심판의 때도 있고 기쁨의 때도 있다. 이스라엘 백성들은 죄에 대해 하나님이 세우신 조건들을 충족했을 때, 구원하시는 하나님 안에서 즐거워하게 된다.

예배에 대한 하나님의 율법은 축제(유월절)로 시작되며 축제(혼인잔치)로 끝날 것이다. 첫 번째 축제는 출애굽 바로 전에 있었고, 두 번째 축제는 들어간 직후 열릴 것이다! 축제의 시작과 끝 사이에는 하나님 앞에서 변하지 않는 축제의 요소가 있었는데, 이것은 과거(기념), 현재(개개인이 참여하는 경험), 미래(앞으로 다가올 더 위대한 것에 대한 예언)라는 세 가지 요소이다.

이와 마찬가지로 찬양하는 자에 대해서도 찬양의 세 가지 측면이 있다. 우리는 하나님이 이전에 행하신 일들을 기념하면서 찬양하며, 하나님이 현재 행하시는 일을 찬양하고, 미래를 바라보는 비전과 소망 때문에 찬양한다. 뒤를 돌아보거나 현재, 혹은 앞을 내다보든, 우리는 여호와를 찬양하게 되고, 기뻐하고 노래하며 하나님의 임재 앞에서 즐거워한다.

전제Drink offering에 관한 구절을 살펴보자. 누군가 예상하는 것처럼 이는 대제사장이 마실 포도주를 드리는 것이 아니다. 킹 제임스 버전의 번역본에서는 이를 '전제'라고 번역하였지만, 이는 사실 신주(과거 신에게 바치던 술-역주)인 것이다. 여기에 쓰인 히브리어 단어는 사실 '쏟아붓다'라는 뜻을 담고 있다. 즉, 하나님 앞에 쏟아부어 드리는 제물이었던 것이다. 사람을 위한 것이 아니라 하나님 앞에 드려지는 것이었다.

이는 우리가 찬양하기 시작할 때 우리의 영에 어떠한 일이 일어나는지를 보여준다. 우리의 영 깊은 곳으로부터 무엇인가가 하나님 앞에 '쏟아부어지는' 것이다. 사람에게서 하나님께로 흐르는 것이다. 사랑, 감사, 찬미 그리고 예배가 사람의 영으로부터 나와 성령을 통해 하나님의 임재 가운데로 흐르는 것이다. 이는 사람을 위한 것이 아니며, 사람에게 나타내기 위한 것도 아니다. 이는 사람의 영으로부터 하나님께 드리는 제물이다.

찬양과 관련하여 우리가 주목해야 할 두 번째 제물은 '거제'이다. 거제를 뜻하는 히브리어는 선물이나 예물을 의미한다. 킹 제임스 버전에서는 이를 '자원 헌물'이라고 번역하고 있다. 회막을 짓기 위해 드려진 모든 예물을 '거제'라고 불렸다. 이러한 예물은 하나님이 요구하신 것이 아닌 '자원하여' 하나님께 드려진 것이다.

이는 찬양을 시작할 때 우리의 영혼에서 어떠한 일이 일어나는지를 보여주는 적절한 상징이다! 우리의 감정이 하나님께 열리기 시작하고, 우리의 의지는 영혼의 재촉에 반응하고, 자원하여 기쁨과 즐거움으로 하나님을 찬양하고 높이며 찬미하고 영화롭게 하는 자신을 발견하는 것이다. 우리의 영혼이 '우리 주 하나님 안에서 기뻐'하기 때문에 여기에는 어떤 압력이나 제한이나 강요가 없다. 우리의 혼이 "내 영혼아 여호와를 송축하라 내 속에 있는 것들아 다 그의 거룩한 이름을 송축하라"(시 103:1)고 외치는 다윗의 마음과 하나가 되기 때문이다.

　마지막으로 이와 관련하여 기억해야 할 제물은 '요제'이다. 제사장은 요제를 드릴 때 식사의 떡과 빵 그리고 숫양의 가슴을 가지고 이를 하나님 앞에서 흔든다. 요제를 나타내는 히브리어 단어는 '앞뒤로 흔들고 움직이거나 젓는 것'을 의미한다.

　출애굽기 29장 24-25절은 이러한 제물을 하나님 앞에서 흔든 후에 '주 앞에 향기로운 냄새'로 제단 위에서 불살랐다고 전한다. 하지만 이렇게 여호와 앞에서 제물을 앞뒤로 흔들고 젓고 움직이기 위해서는 우리의 몸을 사용해야 했다.

　나는 어렸을 때 전도 집회에서 많은 성도들이 찬양과 예배를 드리며 하나님 앞에 손을 흔드는 것을 본 기억이 있다. 성도들은 자주 손수건을 꺼내거나 찬송가를 들어올려 이를 하나님 앞에 흔들었다. 나는 이들이 성령의 불에 드려졌을 때 '여호와 앞에 향기로운 냄새'가 되는 '요제' 가운데로 들어가고 있다는 것을 몰랐었다. 우리의 몸이 찬양에 참여하지 않으면서 찬양에 깊이 빠져들기는 쉽지 않다. 하나님은 우리가 몸으로 참여하기를 기대하실 뿐 아니라 이를 예상하시고 우리를 초청하신다. 이를 곧 하나님의 영 가운데 불에 태워질, 하나님 앞에 드리는 '요제'로 보시는 것이다.

　'전제'는 우리의 영혼으로부터 흘러나오는 것을 보여주며, '거제'는 우리 영혼의 자유 의지적인 반응을 나타낸다. 반면 '요제'에는 우리의 몸이 포함된다.

찬양은 천국에만 국한된 것이 아니라, 이 땅에 맡겨진 것이다. 우리는 천국의 찬양을 통해 거룩한 모델을 보았지만, 이 땅에서도 찬양의 거룩한 모델을 본다. 찬양의 예를 보여주고 상세히 설명하시기 위해 유다를 택하신 하나님의 선택을 통해 우리 믿는 자들이 개개인의 삶에 적용할 수 있는 찬양의 형식을 보게 된다.

하나님의 예배 의식인 축제와 예물을 살펴보며 우리는 찬양에 어디까지 참여하는지 그 정도를 알게 되었다. 바로 우리의 혼과 영, 그리고 육이 모두 참여해야 한다는 것이다.

찬양의 사람들

어느 날 아침, 강단 위에 서서 손을 들고 찬양을 하던 중 눈을 떴을 때 나는 사람들이 다양한 모습으로 믿음을 표현하는 것을 보며 매우 놀랐다. 누군가는 손을 들었고, 박수를 치는 사람도 있었다. 고개를 숙이고 서있는 사람도 있었고 하늘을 향해 고개를 들고 있는 사람도 있었다. 무릎을 꿇은 사람도 몇 있었으며, 드문드문 앉아서 성경을 보고 있는 사람들도 있었다. 이런 생각이 들었다. 교회가 찬양을 하는 것이 아니라, 각자가 찬양하는 것이구나. 찬미라는 개념으로 하나가 되었지만, 우리의 찬양은 매우 개인적이었으며, 개성이 있었다.

처음에는 같은 것을 함께하면서 우리가 하나 되도록 합창단을 이끌고자 하는 충동을 느꼈었다. 그 후 나는 이것이 얼마나 필요 없는 일인지, 내가 얼마나 육적으로 반응하는 사람인지를 깨달왔다. 우리는 찬양으로 하나 되었고, 우리의 생각은 예수님에 대한 것으로 하나 되어 있었으며, '자신만의 행동을 하는' 것은 단지 각 사람의 표현 방식이었을 뿐이었다. 이러한 다양성은 실제 우리 예배를 형식에서 벗어나 더 생동감 있게 만들었다.

이제까지 우리가 살펴본 모든 내용의 모든 목적은 하나님을 찬양하는 데 사람들이 함께하게 하는 것이었다. 성경에서 나오는 사람들 중 예배자이자 찬양하는 자로서 특별한 모임이나 부류의 사람으로 대표되는 인물들은 누구인가?

아담 아담은 최초의 인간이다. 성경에는 그가 했던 말에 대해서는 거의 기록이 없다. 하지만 우리는 그가 하나님과 매우 친밀하고 개인적인 대화와 소통을 했었다는 것을 안다. 왜냐하면 하나님이 아담과 산책하며 이야기하시기 위해 바람 부는 날 에덴 동산으로 오셨기 때문이다(창 3:8). 이러한 모습이 우리를 거룩한 임재 가운데 이르게 하는 찬양의 궁극적인 목적이다.

에녹 에녹에 관해서는 창세기 5장 24절에 "에녹이 하나님과 동행하더니 하나님이 그를 데려가시므로 세상에 있지 아니하였더라"고 기록하고 있다. 다시 한 번 찬양의 궁극적인 목적을 볼 수 있다!

노아 노아 역시 하나님과의 친밀한 대화와 교제를 나누었다. 홍수 이후 그가 처음 한 일은 예배하기 위해 단을 쌓는 것이었다 (창 8:20).

아브라함 그 다음으로 성경이 강조하는 특별한 인물은 위대한 조상 아브라함, 이삭, 그리고 야곱이다. 아브라함은 제단의 사람, 축제의 사람, 기도의 사람, 희생의 사람이자 하나님 앞에 자신을 겸손히 낮췄던 사람이다. 아브라함은 믿음의 사람으로 성경에서 '하나님의 친구'이자 '의인'으로 불린다.

예수님은 요한복음 8장 56절에서 아브라함에 대해 "너희 조상 아브라함은 나의 때 볼 것을 즐거워하다가 보고 기뻐하였느니라"라고 말씀하셨다.

이삭 아버지와는 극히 대조적으로, 이삭은 조용하고 평화를 사랑하는 사람이었던 것 같다.

성경은 하나님이 그에게 나타나셔서 아브라함에게 하신 언약을 다시 확인시키시며 그에게 복 주셨고 하나님의 복 아래 이삭이 그의 두 아들을 축복했다고 전한다(창 21-27장). 이삭은 또한 아버지 아브라함이 팠던 우물을 대적인 블레셋 사람들이 메우자, 다시 그 우물을 팠는데(창 26:15-18) 이것은 종교가 우리 영혼의 우물을 막았지만 성령께서 다시 그 우물을 파신 것과 같다. 찬양에는 성령의 물이 필요하며, 이를 위해 기꺼이 우물을 판다.

야곱 야곱은 본성적인 사람이었다. 야곱 역시 아브라함에게 하신 언약 아래에 있었고, 하나님은 그에게 신실하셨다. 땅에서 하늘로 이어진 사닥다리를 오르락내리락하는 하나님의 사자들을 보았던 야곱의 그 위대한 환상을(창 28:12) 어찌 잊을 수 있겠는가?

야곱은 잠에서 깨어 자는 동안 베개로 삼았던 돌 위에 기름을 부음으로 이에 응답했다(창 28:18). 또한 야곱은 고향으로 돌아가면서 하나님의 사자와 밤새 씨름했다(창 32:24-26). 야곱은 스스로 쌓은 단 앞에 모든 가족의 순결한 예배를 요구했다. 하나님과 그의 관계는 결국 그의 이름대로 그의 천성을 바꾸어 놓았다(32:27-28). 이렇게 하나님의 형상으로 우리가 바뀌는 것이 찬양의 또 다른 목적이다.

요셉 야곱은 하나님의 인도하심 아래 선택된 가족들을 이끌고 애굽으로 갔는데, 애굽에는 오래 전에 잃어버렸던 아들 요셉이 국무총리로 있었다(창 46장). 요셉이 입술로만이 아닌 삶으로 하나님께 찬양을 올려드리는, 진정한 예배자였다는 사실은 누구나 알 수 있다. 모두가 우상을 섬기는 중에서도 그는 하나님께 진정한 예배를 드렸고, 자신을 하나님이라고 생각했던 바로 왕 앞에서도 그는 하나님의 이름을 선포했다!

요셉의 형들이 했던 말에 대한 기록은 거의 없지만, 이들의 예배와 찬양의 열매는 쉽게 찾아볼 수 있다.

모세 사실상 어떤 역사도 기록되지 않은 채 성경에서 400년이란 시간이 흘렀다. 그 후 하나님은 모세라는 구원자이자 지도자를 세우셨다. 하나님은 모세와 단독으로 그리고 오랜 기간 일을 하셔야 했지만, 모세처럼 하나님과 직접 얼굴을 대면하여 대화를 하거나 하나님이 그렇게 계속하여 초자연적인 능력으로 이끄셨던 사람도 없었다. 승리 가운데 홍해를 건넌 뒤 적군이 멸망하자 모세는 목소리를 높여 선포하며 예언하는 승리의 노래를 부르기 시작했다.

그 노래는 출애굽기 15장에 기록되어 있다. 첫 두 소절에서 모세는 다음과 같이 선포한다. "이때에 모세와 이스라엘 자손이 이 노래로 여호와께 노래하니 일렀으되 내가 여호와를 찬송하리니 그는 높고 영화로우심이요 말과 그 탄 자를 바다에 던지셨음이로다 여호와는 나의 힘이요 노래시며 나의 구원이시로다 그는 나의 하나님이시니 내가 그를 찬송할 것이요 내 아버지의 하나님이시니 내가 그를 높이리로다"(출 15:1-2).

하나님의 '처소'를 준비하겠다는 그의 약속은 찬양에 대한 그의 이해가 남달랐기 때문이었는데, 그는 이미 하나님이 이스라엘의 찬양 가운데 거하심을 보았다(시 22:3). 요한계시록 15장 3절은 우리의 승리가 완성되고 천국에 간 후, 우리가 큰 무리와 함께 유리 바다에서 모세의 노래를 부를 것임을 말해준다! 모세의 이 위대한 예언 찬양은 우리를 위한 구원의 노래로 충분할 것이다!

멜기세덱 모세를 통해 주어진 최초의 법규 중 하나는 제사장직에 관한 것이었다. 하나님은 이미 아브라함의 장자가 태어나기 전부터 오랜 기간 제사장직을 수용하시겠다는 의사를 밝히셨다.

창세기 14장 18-20절에서는 "살렘 왕 멜기세덱이 떡과 포도주를 가지고 나왔으니 그는 지극히 높으신 하나님의 제사장이었더라. 그가 아브람에게 축복하여 이르되 천지의 주재이시요 지극히 높으신 하나님 … 너희 대적을 네 손에 붙이신 지극히 높으신 하나님을 찬송할지로다"고 전한다.

아론 하나님은 제사장직에 대한 자신의 계획을 밝히기 시작하시면서 아론을 첫 번째 대제사장으로 삼으셨다. 아론은 제단을 맡아 향로를 피우고, 매년 지성소의 임재 가운데 들어가는 사람이 되었다. 그는 여호와 앞에 요제를 드리고 전제를 부어드리는 자였다. 시편 115편 10절에서는 "아론의 집이여 여호와를 의지하라"고 탄원한다. 몇 년이 지난 후 시편 기자는 아론의 자손에게 계속해서 하나님을 송축하고 찬양할 것을 간청한다. "아론의 족속아 여호와를 송축하라"(시 135:19).

드보라 수년 간 하나님의 백성을 인도하는 것은 제사장을 통해 이루어졌다. 하지만 사사기는 이스라엘 백성의 적들이 이스라엘을 대적해 일어났던 영적 하락의 시기에 대한 기록이다. 하나님은 계속해서 '사사'라는 이름으로 이스라엘 백성들을 위한 지도자이자 구원자를 세우셨다. 많은 사사들이 승리의 시기에 하나님께 찬양을 드렸지만, 그 중 가장 뛰어난 찬양은 바락과 함께 가나안 족속을 무찌르고 승리를 차지한 드보라의 입술에서 나온다. 그 노래는 사사기 5장에 기록되어 있다. 그 중 2절과 9절 말씀은 그 노래의 중심이 된다. "…백성이 즐거이 헌신하였으니 여호와를 찬송하라 내 마음이 이스라엘의 방백을 사모함은 그들이 백성 중에서 즐거이 헌신하였음이니 여호와를 찬송하라"(삿 5:2, 9).

사무엘 사사들의 치리가 끝난 후 제사장들이 다스리던 또 다른 시기가 찾아오는데, 이 시기는 하나님 없이 백성들을 다스렸던 엘리 가문과 함께 끝난다. 이후 사무엘이 지도자가 되는데, 그는 선지자이자 제사장으로서의 두 직분을 감당하면서, 하나님에 대한 순종과 예배에 있어 매우 훌륭한 삶을 살았다. 그의 다스림이 끝날 즈음 백성들은 왕을 요구하였고, 그 후 이스라엘의 역사는 왕정을 통해 이어진다.

다윗　다윗은 그가 드린 감동적인 찬양과 예배처럼, 유대와 이스라엘의 모든 왕들 중 가장 뛰어난 왕이었다. 오랜 기간 그가 쓴 시들은 찬양으로 이어졌다. 우리는 "내가 여호와를 항상 송축함이여 내 입술로 항상 주를 찬양하리이다 내 영혼이 여호와를 자랑하리니 곤고한 자들이 이를 듣고 기뻐하리로다 나와 함께 여호와를 광대하시다 하며 함께 그의 이름을 높이세"(시 34:1-3)라고 말하는 다윗의 찬양을 들을 수 있다.

다윗은 찬양하는 자일 뿐 아니라, 다른 사람들이 여호와를 찬양하도록 지속적으로 권했던 사람이기도 하다. 노래하는 자들에게 여호와 찬양하는 법을 가르쳤으며, 성가대와 악기 다루는 자를 키웠으며, 그들을 지명하여 하루 24시간 동안 여호와를 찬양하도록 하였다. 하나님이 자신에게 나타나시기 전까지는 그저 멸시받던 양치기에 불과했다는 사실을 잊은 적이 없었던 사람이다. 그는 늘 여호와께 영광을 올려드렸다.

이사야 왕의 통치와 함께 이루어졌던 것이 선지자들의 통치이다. 선지자들은 이스라엘의 영적인 일뿐 아니라 정치적인 문제에 있어서도 종종 중요한 역할을 했다. 선지자들은 왕의 영적 자문관인 경우가 많았는데, 이사야는 왕의 개인 교사였다. 선지자들이 하나님께 받은 메시지는 한 세대를 위한 지침이 되기도 했다.

이사야의 글은 찬양으로 가득하다. 이사야는 처음으로 천국을 보았으며 거룩한 찬양을 직접 목격하였다. 그렇기 때문에 그가 많은 찬양의 표현과 함께 찬양 가운데 탄생한 직권을 위임했던 것은 당연한 일이다. 이사야 12장은 찬양장이다.

"그 날에 네가 말하기를 여호와여 주께서 전에는 내게 노하셨사오나 이제는 주의 진노가 돌아섰고 또 주께서 나를 안위하시오니 내가 주께 감사하겠나이다 … 보라 하나님은 나의 구원이시라 내가 신뢰하고 두려움이 없으리니 주 여호와는 나의 힘이시며 나의 노래시며 나의 구원이심이라 … 너희가 기쁨으로 구원의 우물들에서 물을 길으리로다 그 날에 너희가 또 말하기를 여호와께 감사하라 그의 이름을 부르며 그의 행하심을 만국 중에 선포하며 그의 이름이 높다 하라 여호와를 찬송할 것은 극히 아름다운 일을 하셨음이니 이를 온 땅에 알게 할지어다 시온의 주민아 소리 높여 부르라 이스라엘의 거룩하신 이가 너희 중에서 크심이니라 할 것이니라"(사 12:1-6).

이사야 25장 1절에서는 "여호와여 주는 나의 하나님이시라 내가 주를 높이고 주의 이름을 찬송하오리니 주는 기사를 옛적에 정하신 뜻대로 성실함과 진실함으로 행하셨음이라"라고 전하며, 35장 10절에서는 다음과 같이 약속한다. "여호와의 속량함을 받은 자들이 돌아오되 노래하며 시온에 이르러 그들의 머리 위에 영영한 희락을 띠고 기쁨과 즐거움을 얻으리니 슬픔과 탄식이 사라지리로다."

또한 이사야 42장 10절은 "항해하는 자들과 바다 가운데의 만물과 섬들과 거기에 사는 사람들아 여호와께 새 노래로 노래하며 땅 끝에서부터 찬송하라"며 탄원하고 있으며, 43장 21절은 "이 백성은 내가 나를 위하여 지었나니 나를 찬송하게 하려 함이니라"고 선포하고 있다.

하박국 모든 소 선지서는 어느 정도의 찬양의 메시지를 담고 있다. 그 중에서 하박국 선지자가 눈에 띄는데, 그는 하나님의 방식을 비판하며 "어느 때까지"(1:2), "어찌하여"(1:3, 13) 그렇게 행하시는지 묻는 질문으로 하박국서를 시작한다.

하박국은 불안한 믿음의 끝에 있는 것 같아 보이는데, 하나님이 자신을 찾아오시기를 바라며 기도의 망대로 간다. 그는 "오직 여호와는 그 성전에 계시니 온 땅은 그 앞에서 잠잠할지니라 하시니라"(2:20)고 말하며 2장을 마친다.

3장은 목소리로 하는 찬양의 전형이다. "그의 영광이 하늘을 덮었고 그의 찬송이 세계에 가득하도다"(3절)라는 선포로 시작하며, "나는 여호와로 말미암아 즐거워하며 나의 구원의 하나님으로 말미암아 기뻐하리로다 주 여호와는 나의 힘이시라 나의 발을 사슴과 같게 하사 나를 나의 높은 곳으로 다니게 하시리로다 이 노래는 지휘하는 사람을 위하여 내 수금에 맞춘 것이니라"(3:18-19)라고 말하며 마친다.

하나님에 대항하여 비난하기를 좋아했던 하박국이 하나님의 임재 안에 거하면서 찬양의 선포자가 되었다.

예수 신약에서는 찬양 없이 예수님을 만난 사람은 없었다. 마리아는 자신이 수태한 것을 확인하자마자 위대한 찬양을 하였다. 예수님의 탄생을 알린 천사들은 큰 소리로 찬양하며 소식을 전했다. 아기 예수님을 본 목동들은 놀라움과 찬양으로 이를 지켜보았다. 예수님이 사람들 사이를 걸어가실 때 모든 사람들이 예수님을 찬양하였다. 예수님 자신도 하나님께 공개적으로 감사를 올려드렸다.

히브리서 2장 12절에서 예수님은 "내가 주의 이름을 내 형제들에게 선포하고 내가 주를 교회 중에서 찬송하리라"고 말씀하셨다. 예수님이 찬양에 관해 말씀하신 모든 것, 이 땅에서 예수님의 삶의 모든 것, 즉 탄생과 죽으심, 부활과 승천까지의 모든 것은 찬양을 받으셨다!

바울 대부분을 교회 치리에 관해 썼던 디도서를 제외하고, 바울이 쓴 신약의 모든 책은 찬양의 표현을 담고 있다.

바울은 노래로 찬양하며, 찬양을 기뻐할 것 그리고 감사의 찬양과 찬양의 제사를 요구했으며 그리고 손을 들어 찬양하도록 했다. 그가 가장 중점을 두었던 것은 "주 안에서 기뻐하는 것"이었다. 그는 고통과 박해 가운데 실라와 함께 하나님을 찬양하기 시작했던 빌립보 감옥에서 자신의 찬양에 대한 철학의 모본을 보여주었다(행 16:25). 바울은 찬양에 대해 가르치기만 한 것이 아니라, 그 가르침 대로 살았던 사람이다!

요한 예수의 사랑하는 제자 요한이 찬양을 이해했다는 사실은 역사 기록자로서 쓴 책이 아닌 주님의 사역을 드러내는 자로서 쓴 책에서 더 명확히 드러난다. 요한계시록은 하나님을 찬양하는 많은 무리로 가득하다. 구원받은 자들이 이렇게 하나님과 그의 아들 예수 그리스도에게 쏟아 내는 풍성한 찬양과 찬미에 정신을 뺏기지 않고 이 '마지막' 책을 읽을 수 있는 사람은 없을 것이다!

이렇게 빠르게 성경을 훑은 것으로는 성경에 기록된 하나님을 찬양하는 자들의 전체 그림을 보여줄 수는 없다. 다만 다윗과 그가 기록한 시편 외에도 찬양하는 자들이 얼마나 많이 있었는지를 보여줄 수 있을 뿐이다. 하나님이 사람들과 일하시던 모든 시대에 하나님을 찬양하는 자들이 생겨났으며, 현재 성령을 통해 일하심으로 교회가 찬양에 대해 다시 깨어나고 있음에 하나님께 감사드린다.

찬양의 언약

06

"이제 여기 그리고 이곳에 서명하시면 귀하의 것이 됩니다."

할부 신용이 광범위하게 사용되는 요즘 우리는 그 어느 때보다 계약의 힘에 대해 더 잘 알고 있다. 일차 계약자가 계약서에 기술된 특정 의무를 이행하면, 이차 계약자는 계약서에 기술된 서비스를 시행해야 하는 계약 관계에 묶인다. 일단 두 당사자가 계약에 들어가면, 법 집행이 가능하다. 사회에서는 의무를 이행할 것을 요구하고 이것이 모든 계약의 보장이 된다.

믿는 자들의 삶에서 찬양은 아름답고 필요한 것이며 하나님을 기쁘시게 하는 것이라고 성경은 선언한다. 하지만 때로 우리는 찬양이 언약인 것을, 그것도 사람이 하나님과 맺은 언약이 아니라 하나님이 사람과 맺으신 언약이라는 것을 깨닫지 못한다. 하나님이 그의 자녀들에게 베푸신 찬양의 언약에 대한 설명을 우리는 시편 81편에서 찾아볼 수 있다.

우리는 구약 전반에 걸쳐 하나님이 아담, 아브라함, 야곱, 모세, 다윗과 하신 언약과 선지자들을 통해 하나님이 선택하신 백성들과 하신 언약을 발견할 수 있다.

신약에서는 구원과 성령 충만함이 언약의 약속임을 알 수 있다. 하나님은 언약을 맺으실 때 자신의 말씀으로 맹세하셔서 스스로 책임을 다하도록 자신을 그 언약에 얽매이게 하신다. 사실 하나님께로부터 우리가 얻는 대부분의 기본적인 유익은 하나님이 그의 백성들과 하신 언약의 결과이다.

구약 전체는 하나의 언약이다. '증거'라는 뜻의 'Testament'는 현대 영어에서 '약속'을 의미한다. 몇몇 성경 번역본에서는 아직도 구약을 '오래된 약속'이라고 부른다. 하나님이 그의 백성들과 맺으신 '오래된 언약'인 것이다. 예수님은 성찬을 하시며 "이 잔은 내 피로 세운 새 언약이니 이것을 행하여 마실 때마다 나를 기념하라"(고전 11:25)고 말씀하셨다.

구약, 즉 오래된 언약은 아브라함이 하나님과 맺은 것이 아니라 하나님이 아브라함과 많은 다른 사람들과 맺으신 언약이다. 신약, 즉 새로운 언약 역시 우리가 하나님과 맺은 언약이 아니다. 이 언약은 우리의 복종으로 이루어지는 것이 아니라, 하나님이 말씀대로 '하나님의 피로' 이루어지는 것이다. 그 언약의 당사자가 되고자 한다면 반드시 해야 할 일이 있지만, 그러한 의무를 다하는 것이 그 언약을 만들어내는 것은 아니다. 당신이 의무를 다하는 것은 단지 그 언약을 유효하게 만들 뿐이다. 언약에는 이미 모든 조건이 충족되었기 때문이다.

시편 81편은 하나님이 그의 백성들과 계약을 하시거나 언약을 맺으시는 것의 개념을 나타낸다. "내 백성이여 들으라 내가 네게 증언하리라 이스라엘이여 내게 듣기를 원하노라"(8절).

이 시편에서 하나님은 이전에 만들어진 약속들을 말씀하시며, 법적 증인으로서 모두가 규례를 볼 수 있도록 이 규례를 기록 혹은 강조하고 계신다. 여기서 강력하게 시사하시는 것은 '증거'를 만드는 것, 혹은 찬양에 관한 계약 혹은 언약 가운데 들어가는 것이다. '내 백성들아 들으라(그리고 주의하라), 그리하면 내가 너희와 증거를, 언약을 그리고 계약을 만들 것이다.'

언약은 일반적으로 조건부이다. '네가 이걸 한다면, 나는 그걸 할게'라는 식이다. 예를 들어 우리가 차나 집을 살 때 자금이 필요할 것이고, 우리는 계약이나 협정에 서명하여 특정 금액을 정기적으로 지불할 것에 동의하며, 상대방은 우리가 그 자산에 대한 소유권을 갖는 것에 동의하고, 후에 지불이 모두 완료되면 그에 대한 모든 소유권을 준다. 이것이 '네가 하면 나도 할게'라는 식의 협정 혹은 계약이다. 하나님의 언약도 이와 같다. 하나님은 "만일 나의 백성이 한다면, 나도 할 것이다…"라고 말씀하신다.

시편 81편의 규례는 첫째, 언약 가운데 들어가려면 조건이 반드시 충족되어야 한다고 말하며, 그 조건을 충족시킬 사람에게 하나님의 약속 혹은 언약의 목록을 열거한다. 81편의 마지막 세 구절은 그 언약으로 인한 몇 가지 유익, 혹은 그 언약을 지킨 사람이 얻게 되는 다섯 가지 유익을 나타낸다.

이 규례에서 우리가 지켜야 할 내용은 첫 일곱 구절에 나타나 있다. 찬양의 다섯 가지 방법과 찬양해야 할 다섯 가지 이유가 적혀 있는데, 만일 우리가 하나님을 찬양하는 이 기본 조건을 충족하지 않을 경우, 우리는 찬양의 언약으로 인한 유익을 빼앗기게 될 것이다.(찬양의 방법에 대해서는 7장 '찬양의 실천'을 참조하라.)

신약성경 중에 구절 전체로는 잘 인용되지 않는 흥미로운 한 구절이 있다. 바로 베드로전서 2장 9절 "그러나 너희는 택하신 족속이요 왕 같은 제사장들이요 거룩한 나라요 그의 소유가 된 백성이니…"라는 구절이다. 보통 우리는 여기까지 읽고 멈춘다. 하지만 이 말씀은 여기서 멈추지 않는다. '소유가 된 백성이니'의 쉼표 뒤에 "이는 너희를 어두운 데서 불러 내어 그의 기이한 빛에 들어가게 하신 이의 아름다운 덕을 선포하게 하려 하심이라"라는 구절이 이어진다. 주님은 이를 위해 우리를 부르신 것이다. 이를 위해 우리를 제사장으로 만드신 것이며, 이를 위해 우리 각자는 고유의 모습을 지니며 서로 다른 것이다. 우리는 하나님의 찬양을 선포하기 위해 모이는 것이다. 그렇기 때문에 언약의 조건은 분명 찬양이다. 우리가 하나님을 찬양할 때 하나님은 우리 쪽으로 움직이신다. 하지만 찬양하는 적절한 동기가 무엇이냐고 물으실 수도 있다.

내가 하나님으로부터 무엇인가를 얻을 수 있기 때문에, 그래서 찬양하는 것이 적절한가? 여호와를 찬양하기 위한 그리스도인의 동기는 무엇이어야 하는가? 시편 81편 4-7절에서 성령님은 우리가 이해할 수 있도록 하나님의 구원 사역과 결부되는 찬양해야 할 여섯 가지 강력한 이유를 말씀해주신다.

찬양해야 할 첫 번째 이유는 "이는 이스라엘의 율례요 야곱의 하나님의 규례로다"(시 81:4)라고 말씀하신다. 이 이유만으로도 충분해야 한다. 하나님의 말씀이 찬양을 명하신다! 찬양은 하나님과의 더 깊은 경험을 원하는 자들에게 하나의 선택사항으로 주어진 것이 아니라, 반복되는 명령으로 주어진 것임을 주목하라.

'너희의 하나님을 찬양하라'는 말은 '너희 모든 백성들아 하나님을 찬양하라'는 뜻이다. 시편 47편 1절은 "너희 만민들아 손바닥을 치고 즐거운 소리로 하나님께 외칠지어다"라고 선포하고, 시편 40편 16절은 "주를 찾는 자는 다 주 안에서 즐거워하고 기뻐하게 하시며"라고 전한다. 이는 왕의 왕이시며 주의 주이신 하나님의 말씀이다. 찬양을 거부하는 것은 하나님의 말씀에 대한 반항이다.

찬양해야 할 두 번째 이유는 찬양하는 사람들이 하나님의 증거이기 때문이다. "하나님이…요셉의 족속 중에 이를 증거로 세우셨도다"(시 81:5). 거대한 많은 성당의 주춧돌은 '하나님의 영광을 위해' 그 건물을 봉헌하기 위해 놓였으며, 지금까지의 많은 위대한 음악 역시 '하나님의 영광을 위해' 쓰여졌다. 하지만 성경은 "이는 우리가 그리스도 안에서 전부터 바라던 그의 영광의 찬송이 되게 하려 하심이라"(엡 1:12)고 가르친다. 예수님은 "너는 내 증인이 되리라"라고 말씀하셨다.

많은 새로운 은사주의적 그리스도인에게 퍼져 있는 믿음과는 대조적으로, 하나님이 자신을 드러내시기 위한 증거로 택하신 것은 능력을 나타내시는 것이 아니라 찬양의 선포였다! 하늘과 땅 모두에서 찬양은 하나님에 대한 증거이다.

사실 찬양 가운데 확실히 서기 전, 찬양의 거룩한 능력이 나타나는 일에 참여하게 된다면 이는 위험한 일이다. 나는 그간 영적인 은사를 잘못 사용할 경우, 한 영혼이나 교회가 얼마나 교만해지며 그래서 어떻게 멸망할 수 있는지를 보았다.

찬양은 겸손으로 나타나는데, 그 이유는 찬양은 오직 위를 향하기 때문이다. 우리가 예배하고 찬양하는 법을 제대로 배울 때까지, 찬양의 능력을 풀어내는 것을 피하는 것이 현명하다. 찬양할 사람이 있는 곳에는 그리스도의 증거가 나타난다. 찬양을 표현하는 모든 태도는 하나님을 향한 것이어야만 한다. 가장 중요한 것은 그리스도가 중심이어야 한다는 것이다. 이러한 찬양의 분위기가 형성될 때 우리는 사람들의 필요를 위해 안전하게 거룩한 능력을 풀어낼 수 있다. 먼저 예수님을 찬양하자. 그러면 안전하게 예수님의 권위 아래 있게 될 것이다. 찬양하라. 그 후에 능력이 나타난다!

찬양해야 할 세 번째 이유는 우리를 종 되었던 중에 구원하셨기 때문이다. "내가 그의 어깨에서 짐을 벗기고 그의 손에서 광주리를 놓게 하였도다 네가 고난 중에 부르짖으매 내가 너를 건졌고"(시 81:6-7)라고 시편은 기록하고 있다. 이러한 고백이 어떻게 찬양으로 이어져야 하는가! 하나님은 그의 백성을 구원하시고 자유케하셨다. 그리고 하나님은 오늘날도 같은 일을 하고 계신다. 지금도 종 된 자들이 자유케 되고 있다. 할렐루야!

애굽에서 이스라엘 백성은 종 되었다. 짐승과 같은 취급을 받았다. 그들의 손은 계속 움직여야만 했다. 그때 여호와가 그들을 구원하셨다.

출애굽기 15장에서 미리암이 여성들을 이끌고 소고를 치며 모세의 노래에 화답하는 것을 들어보라.

찬양하는 마음이 사라지고 있는가? 예수 그리스도 안에서 찾은 구원과 안전함을 알기 전, 당신이 정확히 어디에 있었고, 누구였는지를 기억하라. 죄에 종노릇하던 때의 모습을 다시 바라보라. 자유를 얻게 되어 기쁜가? 하나님께 그렇다고 말씀드리라.

하나님은 그의 백성을 죄에 종노릇하는 것에서 구원하셨을 뿐 아니라, '종교'에 종노릇하던 것에서도 구원하신다. 나는 종교라는 단어를 부정적으로 사용하는데, 모펏Moffatt이 번역한 것과 같이, 종교는 형태는 있지만 능력은 없다고 생각하기 때문이다. "경건의 모양은 있으나 경건의 능력은 부인하니"(딤후 3:5).

사탄을 제외하면, 조직화된 종교만큼 엄격한 감독도 없을 것이다. 종교는 우리 자신의 것이 아닌 짐을 우리에게 옮기도록 강요한다. 나른 사람들을 위한 짐을 지도록 하는 것이다. 만일 하나님이 우리를 '필요 중심'의 짐을 지는 것에서부터 구원하셨다면, 이에 대해 하나님을 찬양하라.

하나님이 은혜 가운데 '교단'이라는 짐을 지기 위해 끊임없이 수고하는 것으로부터 구원하셔서 하나님의 일에 참여하도록 당신을 자유케 하셨다면, 이에 대해 하나님을 찬양하라. 또 만일 죽어버린 의례 대신 그리스도와의 관계를 찾게 되었다면, 이에 대해 하나님을 찬양하라. 우리가 구원받은 것을 기억하고, 이를 우리 이마에 새기고 우리 아이들에게 반복하여 가르치며 이를 밤낮 찬양할 이유로 삼아야 하는 것은 당연하다. 우리는 종이었고 노예였지만, 하나님은 우리를 구원하셨다! 여기에서의 종교는 하나님과의 관계를 대체한 생명 없는 '종교'를 의미한다는 점을 확실히 해 둔다. 감시 조직이나 교회에 대해 반대하는 것이 아니고, 하나님과 하나님의 말씀을 대체한 종교에 대해 이야기하는 것이다.

찬양해야 할 네 번째 이유는 "내가 네게 응답하였다"라고 말씀하시기 때문이다(시 81:7). 이스라엘 백성들은 노예에서 해방되었을 뿐 아니라, 힘겹게 홍해를 건넌 후 하나님은 그들의 기도에 응답하시기 시작하셨다. 달콤한 물과 만나에 대한 백성들의 요구가 있었다. 하나님은 그들이 요구할 때마다 모든 필요를 공급해주셨다. 이스라엘 백성들은 자신들을 위해 하나님이 기적에 기적을 보여주실 때 느꼈던 그 경외감을 결코 잊지 말아야 했다.

오늘날의 우리는 어떤가? 우리는 만유의 하나님이 우리의 기도를 들으시고 응답하고 계시다는 것을 생각하며 여전히 경외감을 느끼는가? 내가 누구이기에 왕의 왕이신 하나님이 멈추어서서 나의 기도를 들으시고, 나를 주목하시고 나에게 응답해주시는가. 나는 사회의 극히 작은 일부분일 뿐이다. 나는 '오 하나님, 예수님 이름으로 저를 위해 이를 행하실 것입니까?'라고 부르짖는다. 그러면 하나님은 응답하신다. 만일 이러한 일에 놀라움과 찬양으로 화답하고자 하는 감정이 생기지 않는다면, 우리는 언제부터인가 하나님과의 관계를 잃어버린 것이며, 이러한 응답을 받을 자격이 없다고 생각하고 있는 것이다.

내가 자주 입을 열어 하는 기도가 있다. "하나님, 제가 받아야 하는 것을 받지 못한 것에 감사합니다." 나는 내가 받아야 하는 것을 원한 적이 결코 없다. 하나님이 나에게 공의가 아닌, 은혜를 베풀어주신 것에 감사한다. 하나님은 내가 기도할 때 들으신다. 그리고 하나님의 뜻에 맞게 응답하신다. 이 생각이 당신 안에 찬양을 불러일으키도록 하라! 하나님이 당신의 기도에 대해 'Yes', 'No', '나중에', 혹은 '네가 하면 내가 하리라'라고 응답하신 것에 대해 찬양하라.

우리는 하나님의 검증, 시험, 연단 및 유혹에 대해 찬양하지 못할 때가 있다. 우리가 찬양해야 할 다섯 번째 이유는 "내가 너를 시험"(시 81:7)하였다고 말씀하시기 때문이다. 하나님은 우리의 강점에 대해서만 시험하시지, 우리의 약점에 대해서는 결코 시험하지 않으신다는 것을 깨닫지 못한다. '나는 내가 그에게 준 것을 드러내기 위해 나의 사람을 시험할 것이다.' 사탄은 유혹과 같은 상황을 만들기를 좋아하며 우리는 그러한 상황을 연단으로 생각하는 경우가 많다. 하지만 하나님은 '이를 유혹이라 부르든 연단이라 부르든 간에, 시험을 시작하였다'고 말씀하신다.

그렇다면 하나님은 왜 우리를 시험하시는가? 이는 신제품을 만든 제조업자가 시장 출시 전, 그 제품을 시험해 보는 것과 같은 이유에서이다. 다양한 시험을 거친 후, 연구소에서는 "이 제품을 정상적인 방법으로 사용하면 70년은 사용할 수 있음을 보장합니다. 우리는 그 지점을 훨씬 넘도록 이 물건을 사용해보았습니다"라고 말하며 제품 제조업체에게 인증서를 써줄 것이다. 그래서 광고에서 '평생 보장'이라는 말을 사용하는 것이다. 어떻게 평생 보장이라는 말을 할 수 있을까? 그럴 수 있는 이유는 그들이 이를 시험해보고 제품의 내구성을 발견했기 때문이다. 하나님은 당신에게도 그렇게 하신다. 당신의 삶 가운데 하나님의 힘이 얼마나 위대한지 당신이 발견하기를 원하신다.

삶 가운데 당신의 '강점' 중 하나라고 생각했던 것으로 인해 완전히 넘어진 적이 있는가? 내가 넘어졌던 곳도 바로 그런 부분이었다. 내가 강하다고 생각할 때, 나는 약하다. 그때 하나님은 은혜를 부어주시고, 내 안에서 일하기 시작하신다. 하나님은 나를 깨끗케 하시고 하나님에 대한 믿음 가운데 나를 다시 세우신다. 하지만 그때부터 나는 똑같은 상황이 반복될까 매우 걱정한다. 언젠가 똑같은 '연단' 혹은 '유혹'을 직면할 것이며, 거기에는 피할 길이 없는 것처럼 보일지도 모른다. 그러면 나의 마음은 소리친다. "오 하나님, 다시 그런 상황은 안 됩니다!" 그러는 동안 사탄은 내 귀에 속삭인다. '이것이 끝이야. 넌 이제 끝났어!'

그러다 갑자기 마치 내가 그곳에 있지도 않았던 것처럼, 그 상황 한가운데에서 옮겨졌다는 사실을 발견한다. 놀라움 가운데 뒤

돌아보며 이렇게 말한다. "나는 실패하지 않았어. 사실 나를 귀찮게 하지도 않았던 일이야. 오, 하나님 감사합니다." 그러면 하나님은 이렇게 말씀하신다. "시험을 한 이유는 내가 네 안에 힘을 쌓아두고 있었다는 것과 내 은혜가 네게 족하며, 두려움 가운데 살 필요가 없다는 것을 알게 하기 위함이었다. 내가 너를 입증하였다."

시편 기자의 "주님은 나의 힘이시오…나의 반석이시오…나의 방패시오…나의 상급이시오…나의 방패이며…나의 높은 망대시라"라는 외침에 동의할 수 있는가? 하나님 안에서 당신은 강하다! 어떻게 그것을 알게 되었는가? 하나님이 당신을 시험하셨기 때문이며, 사탄이 당신을 유혹하였기 때문이고, 당신이 힘들게 연단을 받고 정금과 같이 나아왔기 때문이다. 이로 인해 하나님은 당신이 찬양하기 원하신다. 하나님이 이따금 당신을 시험하지 않으셨다면, 결코 당신 안에 있는 힘을 알 수 없었을 것이다.

분명한 것은 우리가 계약에 있어 감당할 부분은 단지 하나님을 찬양하는 것뿐이라는 사실이다! 시편 81편 8절은 "내게 듣기를 원하노라"라고 말씀하신다. 여기서 하나님이 말씀하시는 것은 무엇인가? 찬양이다! 하지만 이를 율법, 규례, 명령 혹은 법규에 적용해서는 안 된다. 그렇게 되면 전체 맥락이 완전히 달라지기 때문이다.

하나님이 요구하고 계신 것은 찬양이며, 하나님은 찬양에 관해 말씀하고 계신다. 단순히 '네가 한다면, 내가 할 것이다'라고 하시면서 9-10절에 하나님이 하실 네 가지 일을 말씀해주신다. 이는 계약 혹은 언약의 약속이다.

"너희 중에 다른 신을 두지 말며 이방 신에게 절하지 말지어다"(시 81:9). 구약 전반에 걸쳐 나타나는 '이방 신'은 '마귀'의 완곡한 표현이다. 모든 우상숭배 뒤에는 사탄의 힘이 있다. 사람들은 자신이 돌이나 은으로 만든 형상에 절하고 있다고 생각하지만, 사탄은 자신을 향한 직접적인 예배로 받아들인다. 그렇기에 하나님이 어떤 형태이든지 우상숭배를 반대하시는 것이다.

게다가 오늘날 우리는 주술적인 것이 폭발적으로 인기를 끄는 시대 한가운데 살고 있다. 축귀 사역이 교회에서 부활하면서, 많은 그리스도인들은 지나치게 사탄을 의식하면서 스스로 '이런 외적인 힘에 사로잡히면 어떡하지'라는 잘못된 두려움 가운데 살게 되었다. 그런데 하나님이 만드신 이 계약의 첫 조항이 모든 사탄의 공격에서 우리를 보호해주시겠다는 말씀이다. 얼마나 안심인가!

신명기 32장 9-18절은 왜 어떤 그리스도인들은 사탄으로 인해 곤란을 겪고, 또 어떤 그리스도인들은 그렇지 않은지에 대해 설명한다. 나에게는 이 본문이 찬양의 첫 언약과 아름답게 겹쳐진다. 9절에서는 "여호와의 분깃은 자기 백성"이라고 전한다. 우리가 없으면 하나님은 분깃이 없으시다. 또한 10절에서는 "여호와께서 그를 황무지에서, 짐승이 부르짖는 광야에서 만나시고 호위하시며 보호하시며 자기의 눈동자 같이 지키셨다"고 말씀하시고, 12절은 "여호와께서 홀로 그를 인도하셨고 그와 함께한 다른 신이 없다"고 전한다. 우리가 하나님을 찬양하는 관계 가운데 머무는 한, 그의 분깃인 자녀들을 하나님이 사탄으로부터 완벽하게 보호해주신다는 이 언약을 확신할 수 있다.

신명기 32장 13-14절은 자기 백성을 위해 하나님이 어떻게 충분히 공급하시는지, 하나님의 공급하심이 얼마나 풍족한지를 보여준다. "너희 아버지께서 그 나라를 너희에게 주시기를 기뻐하시느니라"(눅 12:32). 하지만 15절에서는 하나님이 주신 것들로 만족하며 그로 인해 실제로 '살'이 찌자, 이 백성들이 거룩한 장막에서 악한 곳으로 내려가는 네 가지 단계를 걷기 시작한다고 전한다.

첫 단계는 그들은 "하나님을 버렸다"(신 32:15). 구약 전반에 걸쳐 하나님은 이를 불만스럽게 여기셨다. 하나님이 풍요로 그의 백성들을 복 주시면 그들은 하나님을 버리곤 했다. 그들을 속박 가운데 두시면, 그들은 하나님의 이름을 부른다. 하나님은 모든 것에 있어 가장 좋은 것으로 우리에게 주기를 열망하시지만, 그로 인해 우리가 찬양 대신 자기 의지와 자기애로 교만해지고, 하나님을 따르는 대신 하나님을 버리며 하나님 중심으로 살기보다는 자기중심적으로 살까봐 두려워하신다.

하나님이 그분의 거룩한 공급하심을 우리에게 나눠주기 시작하는 순간, 우리는 은사나 능력 혹은 구조 중심이 되어버리는 성향이 있다. 이러한 성향이 그 자체만으로 악하다고 할 수 없지만, 만일 우리가 하나님께 가졌던 그 사랑을 대체해 버린다면, 그리고 우리의 주의력을 잠식한다면, 우리는 '이 세상의 즐거움'으로 돌아가고자 하는 자들처럼 '하나님을 버리게' 되는 것이다.

하나님을 버린 후 나타나는 두 번째 단계는 "그들이 다른 신으로 그의 질투를 일으키며 가증한 것으로 그의 진노를 격발하였다"(신 32:16)라고 말씀하신다. 나는 내가 사역하는 중에도 이러한 양상이 자주 반복되는 것을 보았다. 구원받고 찬양 가운데 나아간 사람들은 하나님의 공급 가운데 나아가며 그 공급하심으로 살찌기 시작한다. 그러면 이들은 뭔가 새로운 것, 새로운 '쾌감'을 찾아 주위를 살피기 시작하며, 우리가 예상하는 것보다 빨리 '사탄의 게임'에 참여하기 시작한다. 과거의 예수님 제자들처럼 "마귀들까지도 우리에게 복종하더이다"라며 기뻐하는 것이다. 이 제자들의 교만한 보고에 대한 예수님의 질책은 '마귀를 쫓는' 우리 세대에게 동일하게 주시는 경고의 말씀이다. "그러나 귀신들이 너희에게 항복하는 것으로 기뻐하지 말고 너희 이름이 하늘에 기록된 것으로 기뻐하라 하시니라"(눅 10:20).

하나님은 이스라엘 백성들이 시내산에 처음 도착했을 때 그들에게 자신은 '질투하는 하나님'이라고 말씀하시며 자신 앞에 다른 신을 두는 것을 참지 못할 것이라고 경고하셨다. 하나님과 동행하며 일찍이 거룩한 것과 악한 것, 빛과 어둠을 혼합하지 않는 법을 배우고 이 두 가지에 자신의 관심과 애정을 주지 않는 법을 배우는 성도는 행복한 자이다.

세 번째 단계는 "그들은 하나님께 제사하지 아니하고 귀신들에게 하였다"(신 32:17)는 것이다. 애석하게도 열왕기하 17장 33절에서는 "그들이 여호와도 경외하고 또한 어디서부터 옮겨왔든지 그 민족의 풍속대로 자기의 신들도 섬겼더라"라고 전한다. 우리는 하나님에 대한 경건한 존경심과 하나님에 대한 사랑을 잃어버리지 않고 여전히 유지할 수도 있다. 하지만 우리는 어디에 우리 삶을 투자하고 있는가? 이방 신과 '함께하는 것'에서 그들에게 '제사'하는 길로 나아가고, 주술이나 미신에 대한 호기심으로 책을 읽는 것에서 시작하지만 적극적으로 이를 실험하는 데로 나아가기가 쉽다.

우상숭배란 엄격하게 문자적인 의미에만 국한되지 않는다. 풍요의 신인 맘몬을 섬기지는 않는가? 성공의 신, 인정의 신, 소유욕이 강한 사랑의 신에게 투자하고 있지는 않은가? 우리와 하나님 사이에 교묘히 둔 신은 어떤 신인가?

네 번째 단계는 "너를 내신 하나님을 네가 잊었다"(신 32:18)는 것이다. 하나님은 네 가지 회복의 단계를 통해, 그들을 '그에게 이방 신이 없었던' 곳으로 데려가신다. 이스라엘 백성은 네 가지 반항의 단계를 통해 스스로 하나님으로부터 빠져나와 마귀의 영역으로 나아갔다. 그것은 아주 오랜 기간 이어져온 것으로 우리는 하나님의 필요성을 느끼지 못할 때 쉽게 하나님을 버리는 경향이 있다. 스스로 원해서 하나님을 찾는 사람들은 거의 없다. 하나님이 필요하기 때문에 하나님을 찾는다. 그래서 하나님이 우리 안에 필요를 만드시는 것이다.

놀랍게도 우리는 이상한 일에 관심을 갖게 되면 그것을 따르기 위해 희생하기 시작한다. 곧 그 이상한 일은 우리의 일부가 되며, 하나님을 완전히 잊어버리게 된다.

우리가 마귀로부터 보호받을 수 있는 가장 위대한 방법은 우리의 마음을 늘 하나님께 두는 것이다. "주께서 심지가 견고한 자를 평강하고 평강하도록 지키시리니 이는 그가 주를 신뢰함이니이다"(사 26:3)라고 말씀하신다.

찬양의 두 번째 언약은 순전한 예배에 관한 것이다. 시편 81편 9절은 "너희 중에 다른 신을 두지 말며 이방 신에게 절하지 말지어다"라고 전한다. 찬양하는 자에게는 거룩한 보호가 제공될 뿐 아니라 그가 드리는 예배의 순전함도 동일하게 보장된다. 우리가 순전한 예배를 드릴 수 있는 것은 결코 우리가 순전하기 때문이 아니라, 하나님이 순전함을 돌보시기 때문에 가능한 일이다. 하나님 한분만이 우리 삶에서 불순한 동기들을 씻으시고 교회와 자신 혹은 프로그램 중심이 아닌 그리스도 중심의 예배를 드릴 수 있도록 하실 수 있다.

이사야 43장 12절은 "내가 알려 주었으며 구원하였으며 보였고 너희 중에 다른 신이 없었나니 그러므로 너희는 나의 증인이요 나는 하나님이니라 여호와의 말씀이니라"라고 전한다. 우리에게 하나님이 거룩한 전부가 되실 때, 하나님은 선포하시고 구원하시며 보여주실 것이다. 하지만 우리 마음 가운데 다른 '신'을 두면, 그 신이 나 자신이든 사탄이든 간에 하나님은 무대에서 떠나시고 더 이상 말씀하시지도, 구원하시지도, 보여주시지도 않는다. R. A. 토레이R. A. Torrey는 종종 이렇게 말했다. "하나님은 모든 것의 주가 되시거나, 아니면 그 어떤 것도 아닌 것이 될 것이다."

우리는 모두 이기적인 동기, 자기애, 자기 의지를 가지고 있다. 이런 우리가 어떻게 순결함을 유지할 수 있는가? 답은 간단하다. 하나님을 찬양하는 것이다. 그러면 하나님께서 우리를 순결하게 하실 것이기 때문이다. 우리의 예배에 순결함이 있다면 이는 우리가 찬양의 언약에 우리 자신을 드렸음을 의미하는 것이다.

나는 오레곤 주 유진의 한 교회에서 목회를 하던 중, 내 삶 가운데서 행하신 하나님의 역사를 기억한다. 하지만 이것은 나에게 매우 슬픈 기억이다. 우리가 교과적인 접근을 통해 찾을 수 있는 것보다 더 현실적인 상황을 찾던 중, 축귀 사역에 참여하게 된 적이 있었다. 우리는 이로 인해 매우 스트레스를 받았다. 하지만 곧 우리는 주중에 사탄의 지배 아래 살면 주일 예배가 사탄의 능력으로 뜨거워진다는 것을 예상할 수 있게 되었다.

여러 주 동안 우리 부교역자는 찬양 예배에 대해 고민했고, 결국은 나에게 도움을 요청했다. 나는 강단으로 걸어가 성도들에게 모두 고개를 숙이고 눈을 감으라고 한 뒤 사탄의 세력이 교회를 떠나도록 명령하곤 했다. 그러면 거의 즉각적으로 우리 안에 놓임이 있었고, 아무런 방해요소 없이 예배가 진행될 수 있었다. 하지만 저녁 예배와 주중 예배에서도 이와 같은 일을 반복해야 하는 경우가 많았다.

어느 날 아침, 기도 중에 주님은 나에게 말씀하셨다. "내 아들아, 나는 너희 교회 가운데 으뜸이 될 것이다." 나는 바로 대답했다. "네 주님, 주님은 언제나 우리의 첫 번째이십니다. 이 교회의 으뜸되시는 분입니다. 우리 찬양과 설교의 중심이 되시며 우리의 예배와 관심은 오직 주님 뿐입니다."

하지만 주님은 이렇게 말씀하셨다. "너는 먼저 사탄의 예배로 성도들을 이끌고 그 후에야 나를 예배하지 않았니?"

"주님, 아닙니다." 나는 대답했다. "저는 사탄에게 무릎 꿇을 생각도 그 예배에 성도들을 이끌 생각도 없습니다."

주님은 계속해서 말씀하셨다. "너는 매 예배마다 성도들 앞에 서서 그 자리에 있는 사탄 앞에 고개 숙이게 하고, 사탄을 존경하는 마음으로 눈을 감게 하고, 사탄의 세력과 말하기를 시작하잖니? 사탄들의 세계에서는 바로 이것이 예배로 여겨진단다. 악한 세력은 자신들이 예배에 참석하면 예배를 받을 것이라는 것을 들었기 때문에 여기저기에서 모여와 너희의 예배에 참석한단다."

이 말씀이 나의 마음을 얼마나 아프게 했는지 아마 상상할 수 없을 것이다. 내가 성도들을 마귀를 예배하는데 이끌었다니 너무나 놀랐다. 나는 울면서 회개한 후 하나님께 어떻게 해야 하는지를 여쭤보았다.

주님은 말씀하셨다. "사탄의 존재를 그냥 무시하거라. 나를 찬양하고 예배하여라. 너희는 나의 백성이다. 이 성전은 나를 예배하기 위한 곳이다. 성도들이 나를 찬양하는 데 집중하게 하라. 그리하면 사탄은 내가 다룰 것이다."

그 주일 아침, 나는 예배에 큰 자유함이 있기를 바랐다. 이를 위해 많이 기도했고, 하나님께 이러한 속박에서 벗어날 수 있도록 간청했다. 하지만 예배는 평소보다 더 묶여 있었다. 찬양 인도자는 내가 중간에 들어와 주기를 요청했다. 내가 강단에 서는 순간, 모두 머리를 숙이고 눈을 감았다. 성도들을 그렇게 훈련시켰기 때문이었다. 하지만 이번에는 모두에게 나를 쳐다보도록 하였고 모두 완전히 집중했을 때, "예수님께서 이렇게 영광스러운 방식으로 이곳에 계시다는 것이 놀랍지 않습니까?"라고 물었다. 성도들은 내가 미쳤다는 듯이 서로를 쳐다보았다. 같은 말을 반복했지만 긍정적인 반응은 없었다.

나는 "우리 하나님을 찬양합시다"라고 말했다. 성도들은 찬양을 하려고 했지만 할 수가 없었다. 그래서 나는 모두 앞으로 나오게 하고 우리는 더 이상 사탄이 방해하는 것에 대해 다루지 않을 것이라고 말했다. 대신 우리는 '하나님께 집중할' 것이며 하나님이 모든 방해 세력을 다루시도록 할 것이라고 선포했다. 그렇게 하기까지 시간이 꽤 오래 걸렸지만 결국 성도들은 찬양으로 이겨내며 승리했고 진정한 자유가 찾아왔다. 그날부터 내가 그 교회의 목사직을 사임하는 날까지, 우리는 공식적으로 사탄의 존재를 인정하지 않았다. 모든 예배를 찬양으로 시작했고, 우리 주 예수 그리스도는 우리 안에 있는 모든 결박을 풀어 주셨다. 악한 영의 세력은 자신들을 향한 예배가 끝났다는 것을 확신하고 더 이상 우리의 주목을 받지 못할 것이라는 것을 안 순간, 우리를 떠났다. 그리고 다시 돌아오지 않았다. 예배의 순전함에 대한 답은 모세의 시대나 지금이나 동일하다.

"나를 찬양할 때, 다른 이방 신을 예배하지 말지니라." 아직도 예수님은 성전에 들어오셔서 성전을 청소하신다. 입증할 수는 없지만, 나는 황과 유황의 냄새가 우리의 코를 찌르는 것처럼, 하늘을 향한 찬양의 향기로운 향은 사탄과 마귀 무리의 코를 찌르는 향이라고 생각한다. 나는 마귀들이 이를 참지 못하리라 확신한다!

찬양의 세 번째 언약은 하나님과의 개인적인 관계이다. 시편 81편 10절은 "나는 너를 애굽 땅에서 인도하여 낸 여호와 네 하나님"이라고 말씀하신다. 어떻게 이러한 관계가 될 수 있는가? 하나님을 찬양하기 시작할 때, 하나님과의 관계에서 확신할 수 있는 어떤 놀라운 일이 일어난다. 당신이 선언할 때 하나님이 당신의 하나님이심을 알게 된다. 당신의 영과 하나님의 영이 함께 이끌린다. 이러한 관계는 당신의 믿음을, 예배를, 당신의 존재를 강하게 하여 하나님이 당신에게 친밀하게 연관된 분임을 알게 된다. "나는 너의 하나님이다."

이러한 관계가 오늘날 우리에게도 절실하게 필요하지 않은가! 예수님과의 관계에서 안정을 느낄 때 우리는 다른 사람들에게 예수님을 소개할 수 있다. 우리 가족, 교회, 친구들과의 관계에서도 안정을 추구할 수 있다. 또한 이들이 우리를 위해 중보하고 있다는 것을 알 때 안정감을 느낄 수 있다. 하지만 우리를 충만케 하시기를 바라는 하나님의 마음을 진정으로 깨닫게 될 때에만, 우리는 하나님과의 관계에서 완전한 자유를 누릴 수 있다. 이러한 안정감은 우리가 누구와 함께 있는지, 우리의 문화나 환경이 어떠한지에 따라 바뀌지 않는다. 하나님을 찬양할 때 우리는 이러한 영광스러운 친밀감과 평안 가운데로 들어간다.

하나님을 찬양하기 시작할 때 우리와 하나님과의 관계에는 또 다른 일이 일어난다. 우리 마음에 어려움이 있고 우리를 대신하여 하나님이 하실 수도 있었던 것을 모두 막았던 쓴 뿌리가 있었다면, 우리 마음의 태도를 바꾸고 우리를 부드럽게 하며 작동 대기 중인 모든 거룩한 기계가 작동하도록 만드는 것은 찬양밖에 없다. 가장 어려운 순간에 하는 찬양, 즉 우리가 이를 악물고 성경 말씀의 명령에 복종하며 찬양할 때, 결국 찬양은 위대한 승리로 끝이 난다.

우리는 우리가 하나님을 선택한 것이 아니라는 사실을 결코 잊어서는 안 된다. 우리를 선택하시고 지명하여 증인으로 삼으시고 죄악이 가득한 세상에서 우리를 통해 은혜를 드러내신 분은 하나님이시다. 하나님은 우리를 그분의 이름으로 덮으시고, 우리 안에 그분의 성품을 심으셨고 우리 마음 가운데 그분의 말씀을, 우리 입에 그분의 찬양을 넣어주셨다. 우리가 가진 하나님과의 친밀한 관계는, 처음부터 끝까지 모두 하나님이 행하신 일이다. 이 관계는 완성되었다.

하나님은 단지 우리에게 하나님을 찬양하라고 요구하시며, 우리가 하나님과의 개인적인 충만한 관계 가운데 들어오기를 바라신다. 하나님은 그냥 구원자, 창조자, 만유의 주가 아니시다. 바로 나의 구원자, 나의 하나님, 나의 신랑이자 곧 오실 나의 왕이시다. 할렐루야!

찬양의 네 번째 언약은 확실히 거룩한 은혜를 나타내시겠다는 것이다. "네 입을 크게 열라 내가 채우리라"(시 81:10). 하나님이 무엇으로 우리의 입을 채우실까? 모든 시편을 통해 말씀하시는 것은 무엇인가? 바로 찬양이다! 하나님은 이 계약에서 이익을 얻기 위해 우리가 반드시 충족해야 하는 조건으로 찬양을 내거실 뿐 아니라, 하나님 사신이 그 찬양을 제공해주신다. 이것은 언약의 약속 중 하나이다.

아버지로서 내가 겪었던 상황이 생각난다. 우리 딸들이 어렸을 때, 가끔 내게 선물을 사주기 위해 돈이 필요했으며, 딸들은 내게 다가와 어린아이다운 방식으로 돈이 좀 필요하다는 메시지를 전달했다. 나에게 어떤 선물을 사줄지는 내가 알면 안 되는 비밀이었다. 그러면 나는 아이들에게 돈을 주었고, 그것으로 딸들의 필요는 충족되었다.

여기서 핵심은 바로, '나에게' 받기 전까지 딸들은 '나에게' 아무것도 줄 수 없다는 것이다. 아이들이 돈을 받을 수 있는 다른 공급원은 없었다. 나에게 선물을 주는 딸들의 기쁨은 줄어들지 않았는데, 이유는 아이들이 공급원인 나에게 왔기 때문이다. 사실 이런 일로 우리의 관계는 더 친밀해졌다.

하나님이 원하시는 것이 바로 이것이다. 하나님은 찬양하는 사람들을 갈망하신다. 기꺼이 우리의 필요를 채우시려고 우리에게 찬양을 주시고, 우리가 그 찬양을 하나님께 드릴 때 다시 우리의 필요를 채워주신다.

이러한 하나님의 공급하심은 성경 전체에서 발견되는 공식과 일맥상통한다. 그 공식은 하나님이 원하시는 것을 가지고 하나님께 나아갈 수 없을 때, 그 원하시는 것을 위해 하나님께 나오라는 것이다. 용서 이전에, 우리는 하나님께 회개하라는 말을 듣는다. 때로 우리 안에 진정한 회개가 없을 때도 있다. 하지만 신약성경은 우리에게 회개 그 자체가 하나님의 선물이라고 말한다. "거역하는 자를 온유함으로 훈계할지니 혹 하나님이 그들에게 회개함을 주사 진리를 알게 하실까 하며"(딤후 2:25).

우리는 믿음이 없이는 하나님을 기쁘시게 할 수 없다는 말을 들었다. 하지만 우리 중 누가 믿음을 만들어낼 수 있는가? 우리 중 누구도 믿음을 만들어낼 필요는 없다. 하나님을 찬양하라. 믿음도 하나님의 선물이라고 말씀하시기 때문이다. "오직 하나님께서 각 사람에게 나누어주신 믿음의 분량대로 지혜롭게 하라"(롬 12:3). "믿음은 들음에서 나며 들음은 그리스도의 말씀으로 말미암았느니라"(롬 10:17). "우리 하나님과 구주 예수 그리스도의 의를 힘입어 동일하게 보배로운 믿음을 우리와 함께 받았다"(벧후 1:1). 만일 찬양으로 하나님께 나아갈 수 없다면, 찬양을 위해 하나님께 나아가되 입을 크게 벌리고 나아가라. 하나님이 채우실 것이다.

다음에 나오는 세 구절의 시편이 쓰여진 것은 불행한 일이다. 하나님의 사람들이 찬양하는 자가 되어 이 영광스러운 언약의 혜택을 모두 즐겼다고 시편 기자가 우리에게 말할 수 있었다면 이는 영광스러운 일일 것이다. 하지만 역사적으로 '부름받은 자들' 이후의 사람들은 초기에만 찬양의 언약을 잠깐 수용하고, 후에는 자신들의 방법과 생각 그리고 프로그램으로 돌아갔다. 애석하게도 시편 81편 11절에서는 "내 백성이 ①내 소리를 듣지 아니하며 ②이스라엘이 나를 원하지 아니하였다"고 전하고 있다. 하나님의 목소리를 무시하고 하나님의 존재를 부정한 것이다! "그러므로 ①내가 그의 마음을 완악한 대로 버려 두어 ②그의 임의대로 행하게 하였도다"(시 81:12). 하나님의 징벌은 단지 그들이 마음대로 살도록 그냥 내버려 두시는 것이었다.

만일 우리가 하나님의 마음을 따라 행하지 않는다면, 하나님은 우리가 우리 마음의 소원을 따라 행하도록 내버려 두신다. 만일 우리가 하나님의 음성에 귀를 기울이지 않는다면, 하나님은 우리가 하는 말대로 되도록 내버려 두실 것이며 이로 인해 끔찍한 결과가 쌓여갈 것이다. 우리가 '할 수' 있다고 느끼는 순간, 하나님은 멈추신다. 우리가 스스로 방어하려 한다면, 하나님은 물러서실 것이다.

부모님이 하라는 것은 하고 싶지 않지만 부모님이 하는 일은 하고 싶어 하는 어린 아이들과 같이, 우리는 하나님의 권위를 빼앗고 우리의 책임감을 드러내며 하나님의 일을 대신 하려고 한다. 하나님이 우리에게 요구하시는 것은 '우리의 품위를 떨어뜨리고' 우리의 성숙과 맞지 않는 일이라고 생각한다.

우리가 시편의 마지막 구절에서 보았듯이 우리는 아무것도 할 수 없다. 하지만 우리를 향한 하나님의 간절한 마음을 느낄 수 있다. '너희가 내 음성에 귀를 기울이며 나의 길을 행하면 내가 좋은 것을 부어줄 것이다'라고 말씀해 주신다. 그리고 이스라엘 백성의 것이 될 수도 있는 다섯 가지 약속을 통한 유익을 말씀하신다.

첫 번째 약속의 유익은 "내가 속히 그들의 원수를 누르"(시 81:14)신다는 것이다. 하나님이 원하셨던 것은 이스라엘 백성을 쉬게 하시며 고난 가운데 그들을 구원하시는 것이었다. 하지만 우리는 우리의 일을 끝내기 전에는 그 쉼에 들어갈 수가 없다. 우리가 일을 하려고 하는 한, 하나님은 일하지 않으실 것이다. 하지만 하나님께서 그 일을 하시도록 하면, 우리는 그 일을 할 필요가 없다.

예수님은 그 당시의 종교적인 사람들에게 이렇게 말씀하셨다.

"수고하고 무거운 짐 진 자들아 다 내게로 오라 내가 너희를 쉬게 하리라 나는 마음이 온유하고 겸손하니 나의 멍에를 메고 내게 배우라 그리하면 너희 마음이 쉼을 얻으리니"(마 11:28-29).

수년간 나는 이 말씀을 이해할 수가 없었다. 내가 지쳤을 때, 가장 하고 싶지 않았던 일은 멍에를 메는 것이었다. 예수님이 하신 말씀은 무슨 뜻일까? 소들이 메고 있는 멍에를 묵상하던 중, 깨달은 것은 하나님의 멍에 멜 때 우리는 배우기 시작할 것이라는 점이었다.

하나님이 가시기 전에 먼저 가려할 때 우리가 얻는 것은 단지 아픈 어깨 뿐임을 배울 것이며, 하나님이 가시는 데 우리가 가려 하지 않는다면 귀가 아플 것임을 배울 것이다. 하나님이 왼쪽으로 꺾으시는데 그 방향으로 꺾지 않는다면 목 한쪽에 경련이 올 것이다. 또한 하나님이 드실 때 먹어야 한다는 것을 배울 것이다. 왜냐하면 그 순간에만 멍에가 풀어지기 때문이다. 우리가 배우는 가장 영광스러운 교훈은 단지 우리는 멍에의 끝 부분만 잡고 있으면 된다는 점이다. 끄는 것은 하나님이 하실 것이다. 당신은 단지 하나님의 멍에를 메고 그 걸음을 따라가기만 하면 된다는 것을 깨닫게 될 것이다. 즉, 그곳에 배우기 위해 있는 것이지 일하기 위해 있는 것이 아니라는 사실이다. 그곳에는 쉼이 있고 우리는 참여하는 사람이 된다. 이는 하나님의 일이며 하나님의 방식이고, 하나님의 뜻이며 하나님의 시간이요, 하나님의 장소이다. 당신은 찬양의 결과가 하나님을 진정으로 알아가는 시작이고 하나님과 함께 동행하는 것에서 얻는 만족감을 배우게 될 것이다.

두 번째 약속의 유익은 거룩한 전쟁에 관한 것이다. "내가 속히 그들의 원수를 누르고 내 손을 돌려 그들의 대적들을 치리니"(시 81:14). 이 말씀대로 하나님이 우리의 적에 대항해 싸우실 때, 우리가 육과 영의 영역에서 그들에게 승리하는 것은 놀라운 일이 아니다. 아무 도구나 들고 전쟁터에 나가지 말라. 단지 하나님을 찬양하라. 하나님이 그들을 향해 그분의 손을 돌이키실 것이다.

수년 전 내가 처음으로 외국 땅에서 사역을 시작할 때, 주님은 내 성도 중 한 형제에게 아름다운 환상을 보여주셨다. 그 형제는 악한 무리의 세력이 나를 향해 다가올 때 하나님이 유리로 된 돔 형태의 천막을 내 위에 내려주시고, 악한 세력은 유리만 치고 튕겨나가는 것을 보았다. 후에 나는 사역지에 갔고, 그 공동체에 있는 엄청나게 악한 세력과 직면하였다. 기쁘게도 그 환상이 이루어졌다. 나를 위해 그들을 대적하는 하나님의 '손'으로 인해 영광 가운데 보호받았고, 그들은 나를 건드릴 수 없었다.

시편 8편 2절에는 아름다운 진리의 말씀이 담겨 있다. "주의 대적으로 말미암아 어린 아이들과 젖먹이들의 입으로 권능을 세우심이여 이는 원수들과 보복자들을 잠잠하게 하려 하심이니이다." 예수님은 마태복음 21장 16절에서 이 말씀을 인용하시는데, 이 중 두 단어를 바꿔서 말씀하신다. '권능을 세우심'을 '찬미를 온전하게 하셨나이다'라고 말씀하신다. '예수님이 하신 번역'을 통해 이 구절을 다시 살펴보자. "어린 아기와 젖먹이들의 입에서 나오는 찬미를 온전하게 하는" 것은 "원수들과 보복자들을 잠잠하게 하려는 것"이라고 말씀하는 것이다. 이보다 더 명확하게 표현할 수 있을까? 하나님은 찬양의 모본을 적에 대항하는 강력한 무기로써 완전케 하신 것이다. 우리가 찬양할 때, 하나님의 손은 그들을 대항하여 움직이신다.

세 번째 약속의 유익은 우리의 승리가 영원할 것이라는 것이다. "여호와를 미워하는 자는 그에게 복종하는 체할지라도 그들의 시대는 영원히 계속되리라"(시 81:15). 나는 영적인 승리를 영원히 지속할 수 없다. 한 번 이길 수 있겠지만, 다시 싸우고 또 싸워야 할 것이다. 절망 가운데 나는 소리친다. '나의 하나님, 제가 무엇을 할 수 있습니까?' 그러면 하나님은 말씀하신다. '내가 승리를 영구히 하겠다.' 이 역시 찬양의 약속의 한 부분이다. 하나님이 공급하시고, 영원히 지속하신다.

네 번째 약속의 유익은 "내가 기름진 밀을 그들에게 먹이며"(시 81:16)라는 말로 주어졌다. 하나님은 자녀들에게 가장 좋은 것을 주시기로 택하셨지만, 우리는 너무 많은 시간을 스스로를 위해 무언가를 제공하기 위해 고투하고 노력한다. 언약 가운데 우리의 의무를 충족하면, 하나님이 가장 큰 기쁨과 복으로 우리의 영, 혼, 육의 모든 필요를 채우시며, 하나님이 하실 부분을 풍족하게 채우시는 것을 발견한다.

다섯 번째 약속의 유익은 "반석에서 나오는 꿀로 너를 만족하게 하리라"(16절 하)는 것이다. 만족! 우리가 이 만족을 얼마나 찾았으며 얻기 위해 또 얼마나 많이 노력하였는가? 하나님은 늘 삶의 모든 부분에 있어 우리에게 완전한 만족을 주시기 위해 기다리고 계신다.

구약의 장면마다 만족을 얻기 위한 이스라엘의 고투가 그려져 있다. 이스라엘 백성들은 종교적인 만족을 위해 이방 신을 의지하였다. 자신들의 육체적 필요에 대한 응답을 위해 이방의 관습을 좇았다. 하지만 하나님은 늘 양손 가득 하나님의 자녀에게 마땅한 기업인 좋은 것을 가지고 그들을 향해 손을 펼치고 계신다.

그러나 그들은 하나님이 명령하신 대로 단지 하나님을 찬양하며 풍족하게 공급하시는 것을 먹는 대신, 물을 담을 수도 없는 망가진 수조를 찾아다녔다. 그들은 완전한 만족을 줄 수 없는 것들을 위해 시간을 소비하고 돈을 썼다. 하나님의 영원한 것들을 일시적인 즐거움과 바꾸었다.

완전한 만족은 예수님과 같이 되는 것에서 찾을 수 있다. 우리는 아직 그리스도의 온전함을 이루지 못했지만, 성령께서 지금 우리 안에서 일하시며 우리 안에 거룩한 형상을 창조하려 하신다. 고린도후서 3장 18절은 "우리가 다 수건을 벗은 얼굴로 거울을 보는 것 같이 주의 영광을 보매 그와 같은 형상으로 변화하여 영광에서 영광에 이르니 곧 주의 영으로 말미암음이니라"라고 우리에게 말씀하신다.

그리스도인들이 훈련 가운데 찬양하는 시간보다 하나님의 얼굴을 더 바라보는 때가 있는가? 우리가 우리 자신을 떠나 하나님을 바라보는 것, 이것이 찬양의 전제조건 중 하나이다. 찬양 안에서 우리는 우리가 하나님의 형상으로 변화되는 것을 본다. "사랑하는 자들아 우리가 지금은 하나님의 자녀라 장래에 어떻게 될지는 아직 나타나지 아니하였으나 그가 나타나시면 우리가 그와 같을 줄을 아는 것은 그의 참모습 그대로 볼 것이기 때문이다"(요일 3:2).

시편 81편 전체를 하나님이 당신에게 주시는 약속과 언약의 말씀으로 다시 한 번 읽어보라. 하나님이 그의 아들 예수 그리스도의 피로 영원히 서명하셨다. 당신은 두 번째 계약 당사자로서 이에 서명하겠는가?

찬양의 실천

07

아마도 전체 성경에서 찬양에 관해 주어진 가장 중요한 명령은 시편 149편에 등장하는 첫 단어일 것이다. "할렐루야 주를 찬양하라." 물론 이는 히브리어의 Haw-lai jah(우리 말로 "할렐루야")를 번역한 것이지만, 이 말씀이 단지 하나님을 찬양하라는 명령 이상임을 깨달아야 한다. 이것은 하나님을 찬양하는 것이 곧 당신을 위한 것이라는 것을 뜻한다.

전도집회, 콘퍼런스, 수련회 그리고 여러 대회를 통해 사역을 했을 때 사람들은 서부 해안West Coast에 있는 우리 교회의 성도가 될 수 있는지, 그래서 자신들도 찬양하는 사람이 될 수 있는지 자주 질문했다. 나는 그때마다 하나님은 이런 회중 찬양을 요구하시기 오래 전부터 각 개인의 찬양을 요구하셨다고 대답했다. 섬기는 교회에서, 기도 모임이나 가정 모임house meeting에서 목소리로 찬양하는 시간이 있든지 없든지 상관없이 '주를 찬양하라.'

찬양은 대중적인 것이 아니다. 찬양은 하나님에 대한 각자의 반응이다. 한 무리의 사람들이 찬양 가운데 하나가 되기로 했다면, 그들 각자의 찬양은 그 무리의 반응에 섞일지 모르지만 모든 찬양 표현은 각 개인으로부터 나온다. 하나님에 대한 나의 반응은 다른 사람들의 반응에 영향을 받을 필요가 없다. 나의 구원으로 인해 나는 자유로운 도덕적 주체로 다시 돌아왔으며, 나의 권리를 가지고 나의 의지를 나타내기로 했다면, 주위의 다른 사람들의 행동 패턴에 상관없이 하나님을 찬양할 수 있다.

찬양이 부족하다고 목사를 탓하지 말고, 찬양이 적다고 교단을 탓하지 말라. 우리가 찬양 가운데 인도함을 받거나 심지어 감정적인 자극을 받을 필요는 없다. 단지 손을 올려 주를 찬양하라. 성경에 나오는 몇몇 위대한 찬양자는 자신이 처한 상황에도 불구하고 홀로 찬양했다. 각자가 개인적으로 찬양하는 법을 배운다면, 함께 찬양하는 것에 어려움을 느끼지 않을 것이다. 찬양으로 말하고 노래하고, 나누고 보여주며 소리치거나 악기를 연주하라. 찬양을 시작하라! 하나님을 찬양할 것을 결정하라!

우리는 어휘가 부족하여 소리내어 찬양하는 것에 어려움을 느낄 수도 있다. '좋아. 기꺼이 하나님을 찬양하겠어. 그러나 정말 찬양하고 싶은데 어떻게 시작하지? 무엇을 말해야 하지?' 하며 걱정할 수도 있을 것이다.

하나님은 이러한 위급사항에 대비를 하셨다. 찬양을 한마디도 해본 적이 없는 사람도 위대한 찬양자들의 찬양으로 찬양을 시작할 수 있다. "오 내 영혼아, 여호와를 송축하고 그의 모든 베푸심을 잊지 말라"라는 말씀을 읽으면 "저도 그렇게 생각합니다"라고 고백하면 된다. 요한이 "존귀한 어린 양"이라고 한 말씀을 읽으면 "아멘!" 하며 동의하는 것으로 찬양할 수 있다.

기쁨보다 혼란스러움이 더할 때 나는 시편을 펴서 하나님 앞에 큰 소리로 읽는다. 나의 영혼이 하나님의 영의 말씀에 반응하기 시작할 때 기쁨과 승리를 주는 영혼의 소생함이 있었다. 하나님의 말씀을 이용하는 것은 높은 수준의 찬양으로 들어가는 놀라운 지름길이다.

시편 149편에서 말하는 찬양의 두 번째 명령은 "새 노래로 여호와께 노래하라"(1절)는 것이다. 성경에서 우리 예배와 찬양의 방식만큼 자주 언급된 경우는 많지 않다. 성경 전반에 걸쳐 우리에게 노래하라는 명령이 300회 이상 나오는 것을 발견할 수 있다.

노래는 히브리 예배에 있어 중요한 부분을 차지했다. 다윗은 언약궤를 예루살렘으로 가져올 때 노래하는 자들을 지명했고 그들에게 언약궤 앞에서 밤낮으로 노래하도록 하였다. "언약궤가 평안을 얻었을 때에 다윗이 여호와의 성전에서 찬송하는 직분을 맡긴 자들은 아래와 같았더라 솔로몬이 예루살렘에서 여호와의 성전을 세울 때까지 그들이 회막 앞에서 찬송하는 일을 행하되…"(대상 6:31-32). 또 역대상 9장 33절에는 "찬송하는 자가 있으니 곧 레위 우두머리라 그들은 골방에 거주하면서 주야로 자기 직분에 전념하므로 다른 일은 하지 아니하였더라"는 말씀이 덧붙여져 있다.

역사상 위대한 장군들은 거의 모두 노래의 엄청난 능력을 알고 있었다. 심한 압박과 두려움이 엄습할 때, 여호사밧은 그의 군대에게 노래하도록 하였다(대하 20장). 유명한 행진곡이나 군가를 통해 지쳐보였던 사람들의 육체가 회복되고 새로운 마음을 갖게 되는 경우가 얼마나 많은가? 회복될 뿐 아니라 변화되었다.

구세군을 창설한 부스Booth 장군은 이렇게 말했었다. "누가 모든 좋은 음악을 사탄이 가지고 있다고 했던가?" 붉은색과 푸른색 옷을 입은 수많은 거리의 악단은 마음을 뒤흔드는 가스펠 음악의 힘을 알고 있었다.

전통적으로 노래는 그리스도인들의 비밀 병기 중 하나였다. 원형 경기장에서 사나운 짐승 앞에서 몸이 찢길 상황에 있던 순교자들도 노래를 불렀다. 코리 텐 붐Corrie ten Boom 여사는 독방에 감금된 상황에서 매일 「십자가 군병들아」라는 찬송을 불렀다.

나 역시 두려움과 불신에 사로잡혀 있는 성도들이 찬양하기 시작하는 것을 본 적이 있다. 그러면 곧 찬양 가운데 믿음을 받아들이고 그 믿음을 표현한다. 그들은 노래하는 것을 통해 스스로 어둠에서 빛으로, 패배에서 승리로 나아갔다.

세상에 알려진 모든 부흥은 노래와 함께였다. 사실 많은 교회에서 노래는 먼 곳에서도 식별되는 특징으로, 성가대는 노래하고 사람들은 아멘으로 화답한다. 하지만 하나님의 새로운 역사가 있는 곳에서 사람들은 하나님을 향한 내면의 무엇인가를 표현하고 싶어 하기 때문에 노래한다.

노래로 부르는 찬양은 찬양하는 자들에게 적어도 세 가지 중요한 가치를 준다. 첫째는 찬양자가 노래할 때 함께 찬양할 수 있는 가사를 제공해준다. 찬양을 시작하면, 우리는 다른 사람들이 의미있게 불렀던 찬양의 가사를 가지고 우리도 쉽게 찬양할 수 있게 된다. 몇몇 곡들은 하나님과의 위대한 경험 가운데서 탄생한 곡이며, 그런 곡을 노래할 때 우리는 높은 수준의 찬양을 표현할 수 있게 된다.

둘째, 찬양하는 것은 우리가 하나 된 모습으로 응답하는 데 도움이 된다. 다윗은 하나님을 찬양할 때 언제나 다른 사람들이 함께하도록 촉구하였다. 하나님과 하나님의 영광을 더 많이 알수록, 다른 사람들을 그 영광스러운 하나님께로 이끌어 함께하고자 하는 열망도 커진다. 노래로 함께 부르는 찬양 안에는 마음이 빠르게 하나 되는 역사가 있다. 같은 가사로, 같은 박자로 동시에 같은 음을 노래하기 때문에 그 효과는 매우 역동적이다! 우리는 홀로 노래를 할 때에도 작곡가와 하나가 되는 것을 느낄 수 있으며 이전에 같은 찬양을 불렀던 다른 많은 사람들과도 하나가 된다.

셋째, 찬양하는 것은 우리 문화의 허울 뒤에 갇혀 있던 내면의 감정을 발산할 수 있도록 도움을 준다. 예를 들어 남자들은 울거나 약한 모습을 보이는 것이 남자답지 못하다는 교육을 받는다. 울음을 억제하는 법을 배우면서 모든 연약한 마음의 표현까지도 억제하게 된다. 그러면서 우리 문화에서는 '남자답게' 표현하는 것이 받아들여진다는 것을 알게 된다. 하지만 활기 넘치는 행동, 장난, 신체적으로 공격적인 행동 등은 찬양으로 이어지지 않는다. 남자와 여자가 찬양을 이해하고 기름부음 가운데 노래하기 시작할 때 자기 자신과 동료들, 그리고 하나님이 받으실 수 있는 감정을 발산할 수 있음을 알게 된다.

킹 제임스 성경은 구약에서 쓰인 여덟 개의 각기 다른 히브리어를 '노래'로 번역했다. 제임스 스트롱의 히브리어 사전에 따르면 이러한 단어들은 구약시대의 노래가 우리가 교회에서 드리는 달콤하고 멜로디가 있는 화음과 회중의 노래 그 이상임을 알 수 있다. 그 단어들 중 하나는 "기쁨으로 소리치거나 크게 노래함"이라는 뜻을 가지고 있으며 "기쁨과 즐거움의 날카로운 목소리 혹은 고함"이라는 뜻도 있다. 또 "기쁜 목소리의 노래와 개가"라는 뜻과 순회 공연하는 음악가를 의미하는 단어도 있다.

확실히 당시 사람들이 여호와를 향해 노래할 때에는 기쁨과 승리의 표현, 소리치는 감정이 있었다. 나는 찬양하는 것에는 언제나 이런 몇 가지 요소가 그 안에 담겨 있을 것이라고 믿는다. 성도들은 함께 몇 년간 찬양하면서도 결코 찬양에 빠지지 않았지만 그들이 찬양에 빠지게 되면 그 노래가 살아날 뿐 아니라 감정과 함께 폭발하는 것을 볼 수 있다.

"하나님께 노래하며 그의 이름을 찬양하라"(시 68:4). 가사의 의미를 마음에 새기면서 진심으로 찬양하라. 사람들을 향해 노래하지 말고, 하나님을 향해 노래하라. 음악적 완성도에 집중하지 말고 노래 안에 내면의 자아를 꺼내 놓는 것에 집중하라. 노래가 찬양이 되게 하려면, 찬양자는 반드시 의식적으로 하나님에 관한 노래를 하거나 하나님께 찬양해야 한다. 모든 노래가 찬미로 가득한 찬양이 되는 것은 아니다. 반드시 그 중심이 그리스도여야 하는데, 이 말은 노래가 하나님의 성품과 인격 혹은 하나님이 하신 일에 관한 것이어야 한다는 뜻이다. 간증 위주의 노래도 찬양곡이 될 수 있는데, 우리가 무엇이 되었는지보다는 하나님이 우리를 위해 하신 일과 우리 안에서 행하신 모든 일에 집중되어 있는 찬양곡의 경우가 그러하다.

누군가와 전화 통화를 할 때에 대화 중 비인간적인 사람이 되지 않기 위해서는 심상을 떠올리는 것이 도움이 되듯이, 찬양을 할 때 누구에게 이야기하는지 그 사람에 대한 심상을 갖고 있는 것이 필요하다. 그냥 허공에 대고 노래하지 말라. 마음으로 하나님과 직접적인 소통 가운데 나아가 하나님께 노래하라.

히브리서 2장 12절에서 예수님은 "내가 주의 이름을 내 형제들에게 선포하고 교회 가운데서 주를 찬송하리이다"라는 말씀을 인용하셨다. '찬송'을 의미하는 헬라어는 '훔네오'humneo인데 이 단어로부터 우리말의 찬송가hymn라는 단어가 파생되었다. 이는 종교적인 시를 노래하거나, 노래로 하나님을 기념한다는 뜻이 있다. 만일 예수님이 찬송이 이런 노래를 의미하는 것이라고 말씀하셨다면, 우리도 그를 따르는 것이 당연하다.

다른 사람들의 노래를 사용하는 것이 가치가 있는 것처럼, 우리 안에 계신 성령님은 찬양에 사용되는 가사를 배우면서 특히 당신과 당신의 경험을 표현할 수 있는 '새 노래'를 주시기 원하다. 찬양하는 시간 동안에 새 노래 부르기를 주저하지 말라. 하나님은 '새 노래'를 듣는 것을 기뻐하신다. 일례로, 현재 하나님은 성경으로 노래하는 것에 매우 큰 비중을 두고 계신다.

성경을 노래하는 것은 찬양을 두 배로 드리는 것이 될 수 있다. 내면의 감정을 멜로디로 풀어내는 것과 더불어 성경의 기름부음 받은 단어들로 노래하기 때문이다. 어떤 멜로디로 노래하는가? 전통적인 선율이 많이 있지만 이러한 선율을 전혀 모른다면 그냥 성령님께 의지하라. 찬양을 시작하고, 어떤 일이 일어나는지 보라. 당신은 아마 기쁨 가운데 놀라게 될 것이다!

내가 시편 150편을 노래하기 시작했을 때, 나는 시편 기자의 감정과 그가 경험했던 것을 느끼고 보게 되며, 곧 시편 기자가 하나님의 선하심에 반응했던 것처럼 반응하게 된다. 힘들 때, 텔레비전 앞이나 냉장고로 달려가기보다는 말씀을 펴고 시 한 편을 큰 소리로 읽고 이것이 하나님께 대한 당신 마음의 표현이라고 선포하라. 이는 우리를 자유와 승리 가운데로 이끌 것이다.

사도 바울은 노래에 관해 이야기하면서 이렇게 선포했다. "내가 영으로 기도하고 또 마음으로 기도하며 내가 영으로 찬송하고 또 마음으로 찬송하리라"(고전 14:15). '영으로 찬양'하는 것은 성령에 감화를 받아 노래하는 것이며 성령의 언어로 찬양하는 것을 뜻한다. 이 성령의 언어는 기도의 언어로만 오는 것이 아니라 찬양의 언어로도 온다. 그 언어로 노래하는 것을 두려워하지 말라. 우리 성도들이 다양한 언어로 이미 그 노래를 알고 있었던 것처럼 음을 높이고 낮추며 영으로 노래하는 것을 들을 때 나는 얼마나 전율을 느꼈었는지 모른다. 남을 의식하는 마음은 사라지고 우리 안에 계신 성령이 하나님께 자유롭게 찬양하도록 하는 것 같았다.

내 안에 계신 성령이 하나님을 찬양하는 것을 깨닫고 한밤중에 깨어 찬양을 하는 것은 이상한 것이 아니다. 만일 우리의 의식이 깨어 있어 예민하게 반응한다면 우리는 언제 어디서나 이런 일이 자주 일어난다는 사실에 그리 놀라지는 않을 것이다.

찬양에 관한 세 번째 명령은 "성도의 모임 중에 찬양하라는" (시 149:1) 것이다. 이는 우리가 함께 모여 말하고 소리치며 기쁘게 드리는 찬양이 우리 회중 예배와 간증의 일부가 될 수 있음을 의미한다. 때로는 우리 모임이 많은 경우 자기 중심적이거나 의무감에서 비롯된 것은 아닌지 궁금할 것이다. 만일 우리가 '하나님을 바라보기' 위해 함께 모인다면 찬양 가운데 훨씬 깊이 빠져들지 않겠는가? 만일 우리가 공동의 비전을 가지고 있다면, 우리 가운데 공동의 표현이 더 많아지지 않겠는가?

성도 모두를 찬양 가운데로 이끄는 것이 얼마나 어색했던지 지금도 기억할 수 있다. 각 개인은 찬양하는 법을 배웠고, 우리의 기도 모임은 어느 정도 잘되고 있었지만 주 강당에서 이를 행하는 것은 너무 이상했다. 예배 시간 중에 성도들 모두 자리에서 나와 강당 앞으로 나오도록 초청하는 시간을 가지는 것이 도움이 된다는 것도 알게 되었다. 우리가 어깨를 맞대고 함께 모였을 때 나는 그들을 목소리로 하나 된 찬양을 표현하도록 이끌었다. 우리 가운데 친밀함과 신체적인 접촉까지 생겼으며, 자리에 앉아 찬양을 드리던 패턴이 깨졌고 이로써 우리 안에 있던 어색함이 사라지고 성도들은 찬양 중에 더 쉽게 자유를 누리게 되었다.

결국 우리는 찬양하기 위해 앞으로 나올 필요없이 자기 자리에 서서 찬양할 수 있게 되었고, 매우 다양한 표현 방식으로 모두 함께 찬양하는 것을 들으며 하늘의 곡조가 무엇인지 알게 되었다. 우리 성도들의 출신 교파는 20여 개 이상이었고, 관습과 문화의 차이 또한 엄청난 다양성을 만들어냈다. 나는 성막의 지성소에서 사용된 향이 여러 다양한 향을 조합하여 하나님이 원하시는 향을 만들어냈었다는 것이 생각났다.

모든 족속과 민족, 언어와 문화, 종교적 전통에서 나온 우리가 천국에서 하나님의 임재 가운데 영원히 하나님을 큰 소리로 찬양할 때, 그의 백성들의 찬양이 얼마나 향기롭겠는가!

역대하에서는 찬양하는 사람들의 아름다운 모습을 볼 수 있다. "온 회중이 경배하며 노래하는 자들은 노래하고 나팔 부는 자들은 나팔을 불어 번제를 마치기까지 이르니라"(대하 29:28).

당신은 제단 위에 있는 수송아지 한 마리가 재로 변하고, 사람이 이것을 삽으로 퍼낼 수 있을 정도로 식었을 때 이를 묻기 위해 그릇에 담아 진영 밖으로 옮기기까지 얼마나 오랜 시간이 걸리는지 아는가? 아마도 이 과정이 이른 아침부터 늦은 저녁까지 이어졌을 것이고 이 모든 시간 동안 회중은 하나님을 찬양했다!

찬양에 관한 네 번째 명령은 "이스라엘은 자기를 지으신 이로 말미암아 즐거워하"라는(시 149:2) 것이다. '즐거워하며'라고 번역된 히브리어 원어는 문자 그대로는 '밝히다'brighten up라는 뜻을 의미한다. 그리고 시편 68편 3절에 쓰인 '기뻐하다'라는 단어는 '밝게 하다, 활기차게 하다, 웃게 하다'라는 뜻을 지닌 히브리어를 번역한 것이다. 하나님 안에서 기뻐하는 것은 찬양과 찬미의 말씀을 암송하는 것 이상이다. 이것은 태도와 표정, 그리고 표현의 총체적인 변화를 말한다.

구약의 제사장은 놋대야에서 새로운 모습으로 얼굴을 정결케 씻기 전에는 거룩한 임재 가운데 나아가지 않았다. 마찬가지로 우리도 예배를 밝히기 위해 말씀의 놋대야를 어떻게 사용할지 배워야 한다.

우리는 세속적인 세상에서 이를 정기적으로 해왔다. 당신이 어떤 가게에 들어갔는데 주인이 매우 화가나 점원 한 명을 매우 혼내고 있었다. 그래서 가게에서 나오려고 하는데 나오기 전에 그 주인과 눈이 마주친 적이 있는가? 놀랍게도 그 주인은 즉시 자신의 말투와 어조를 바꾼다. 그의 얼굴은 부드러우면서도 밝고 생기 있는 표정으로 당신에게 다가와 "무엇을 도와드릴까요?"라고 물으며 심지어 살짝 웃기까지 한다. 그는 잠재적인 수익 때문에 자신의 의지를 드려 빠르게 밝고 활기차게 분위기를 전환한다. 그렇게 하지 않는다면 아마도 고객 한 명을 잃었을지도 모른다. 그는 개인적인 분노의 감정으로 손님에게 영향을 끼칠 권리가 자신에게는 없음을 깨달은 것이다.

'주 안에서 기뻐하는' 것은 당신의 감정보다 당신의 의지에 따라 통제할 수 있는 것 중에 하나이다. 당신의 삶에서 감정의 본성 가운데 생겨난 분노, 속상함, 한탄이 하나님께 영향을 미치지 않도록 하는 법을 배우는 것이다.

우리가 감정에 의해 지배받지 않고 감정을 지배하는 법을 배우지 못해서 공예배를 망친 적이 얼마나 많은가. 우리의 예배는 날씨, 주식시장, 몸의 컨디션 혹은 가정에서의 관계로 인해 영향을 받는다. 그러나 그것은 잘못된 태도이다. 우리는 자연적인 감정을 해소하기 위해 찬양하는 것이 아니다. 모든 것에서 예수님이 우리의 주 되심을 알고 그 감동으로 찬양하는 것이다.

우리는 모든 것이 '지나간다'는 것을 배운다. 그 어느 것도 그대로 머물러 있지 않는다. 그리고 우리의 삶이 좋은 상황에 있든 나쁜 상황에 있든 간에 그 삶을 책임지시기로 한 아버지 하나님께 반응하는 법을 배우는 것이다.

당신이 현재 살아가고 있는 삶이 하나님의 위대하심과 은사와 은혜 베푸심에 관련이 있는가? 바울과 실라는 빌립보 감옥에 갇혀 있던 중에 하나님을 찬양하며 기뻐하기로 선택했다.

자신의 감정에 따라 찬양하지 않는 법을 배운 자는 복되다. 당신 자신이 어떤 삶의 환경 가운데 있든지 그 상황에 상관없이 하나님을 찬양하도록 훈련하라. 하나님은 이러한 훈련을 본질적으로 찬양의 한 형태로 보시며, 성경에서는 이를 '기쁘게 하는 것'이라고 말씀하신다.

'잘 지내요?'라는 질문에 '독주회'하듯 장황한 상황을 설명하기보다는 자신 안에 있는 성령의 기쁨을 표현하는 그리스도인이 복된 자이다. 사람들은 당신의 문제를 들을 필요가 없다. 당신의 찬양을 들어야 한다.

찬양에 관한 다섯 번째 명령은 "시온의 주민은 그들의 왕으로 말미암아 즐거워하"라는(시 149:2 하) 것이다. 기뻐하는 것, 혹은 기쁨에 가득 차 있는 것은 그의 백성들을 향한 그리스도의 목표 중 하나였다.

예수님은 제자들에게 말씀하셨다. "내가 이것을 너희에게 이름은 내 기쁨이 너희 안에 있어 너희 기쁨을 충만하게 하려 함이라"(요 15:11).

베드로는 이렇게 말했다. "예수를 너희가 보지 못하였으나 사랑하는도다 이제도 보지 못하나 믿고 말할 수 없는 영광스러운 즐거움으로 기뻐하니"(벧전 1:8).

또 유다는 "능히 너희를 보호하사 거침이 없게 하시고 너희로 그 영광 앞에 흠이 없이 기쁨으로 서게 하실 이"(유 1:24)라는 말씀을 우리에게 상기시킨다.

하나님의 목적은 그의 백성들에게 기쁨을 주시는 것이다. 행복은 어떤 일이 일어나느냐에 달려 있지만, 기쁨은 예수님께 달려 있다. 예수님은 어디를 가시든 그곳에 있는 사람들에게 기쁨을 주셨으며, 지금도 그렇게 하고 계신다!

예수님을 보고 있는 사람들, 그의 말씀을 들으며 그를 믿고 있는 사람들은 '넘치는 기쁨'과 '말로 표현할 수 없는 기쁨 그리고 모든 영광'으로 가득 차게 된다. 하지만 찬양하게 만드는 것은 기쁨을 간직하고 있을 때가 아니라 그 기쁨을 표현할 때인 것이다. "야곱의 하나님을 향하여 즐거이 소리칠지어다"(시 81:1). "글쎄요, 제가 노래를 못하는데, 즐거운 소리를 낼 수 있을까요?" 이런 말을 들어본 적이 있는가? 성경은 음을 잘못 잡는 사람에 대해서는 어떤 언급도 하지 않는다. 단지 하나님께 우리의 찬양을 드려야 함을 강조한다.

목소리로 찬양하기 전까지는 찬양이 완전히 표현되지 않았다는 것을 알아야 한다. 생각하는 것thinking과 감사하는 것thanking에는 차이가 있다. 우리는 이러한 차이를 일상의 관계에서 볼 수 있다. 당신은 무언가에 진심으로 감사하고 있을지 모르지만, 그일을 해준 사람에게 감사를 직접 표현하기 전까지 감사는 완전하지 않다는 것이다.

이와 마찬가지로 찬양도 단지 마음의 태도가 아니라, 그 태도를 표현하는 것을 의미한다. 찬양의 태도는 찬양의 표현으로 이어져야 한다. 목소리를 높이고, 손을 들어올리고 다른 사람들로 하여금 당신의 감사와 즐거움을 알게 해야 하는 것이다.

누구의 제재도 받지 않고 기쁨으로 가득 찬 아이는 뛰고 점프하며 가만히 있지 못할 것이다. 그래서 하나님은 하나님이 주시는 거룩한 기쁨을 받는 것이, 그의 기쁨으로 가득한 자녀들에게 이와 같은 반응을 불러일으킬 것을 알고 계신다.

나는 시내에 있는 성당에서 우리가 마치 팽이처럼 하나님 앞에서 핑핑 돌아야 한다고 말하는 것은 아니다. 하지만 그러기를 바라는 것은 괜찮지 않을까? 물론 공적인 예배가 아닌 예배로 한정짓긴 해야 하겠지만, 하나님의 임재로 우리가 느끼는 기쁨에 대해 신체적인 증거를 드리는 것이 당연하지 않겠는가? 당신의 영이 느끼는 것을 몸이 표현하도록 하는 것은 잘못된 것이 아니다. 다른 사람의 자유를 너무 침해하지 않는 범위에서 그렇다.

시편 149편에 기록된 여섯 번째 찬양의 명령은 "춤추며 그의 이름을 찬양하며 소고와 수금으로 그를 찬양하는" 것이다(3절). *International Standard Bible Encyclopedia*(국제표준성경백과사전)에 따르면 구약시대 때의 춤은 기본적으로 뛰는 것을 의미하며 악기를 동반하는 경우가 많았다. "다윗이 여호와 앞에서 힘을 다하여 춤을 추는데"(삼하 6:14)라는 구절을 읽을 때 다윗이 언약궤가 돌아오는 그 앞에서 달리며 점점 더 높이 뛰는 모습을 상상해볼 수 있다. 다윗의 기쁨은 한없는 기쁨이었다. 그는 왕의 예복을 벗어두고 하나님 앞에 선 제사장으로서 베 에봇을 입었으며, 하나님의 임재를 상징하는 언약궤가 예루살렘으로 돌아오는 기쁨을 모든 제사장들보다 더 크게 표현했다.

시편 150편 4절에서도 우리에게 "…춤추어 찬양하라"고 요구하고 있다. 문자 그대로 '하나님 앞에서 뛰며 하나님을 찬양하라'는 말이다. 왜 그래야 하는가? 다윗은 시편 30편에서 이 '뛰며'의 의미를 설명해 놓았다. "주께서 나의 슬픔이 변하여 내게 춤이 되게 하시며 나의 베옷을 벗기고 기쁨으로 띠 띠우셨나이다 이는 잠잠하지 아니하고 내 영광으로 주를 찬송하게 하심이니 여호와 나의 하나님이여 내가 주께 영원히 감사하리이다"(시 30:11-12). 다윗이 하나님 앞에서 뛰고 춤춘 것은 단지 하나님이 그에게 행하신 위대한 변화를 몸으로 표현한 것이었다. 이것은 기쁜 감정의 표현이고, 다윗이 하나님께 감사를 드리는 표현 방법이었다.

찬양을 하는 데 가장 큰 저항감을 가져오는 것은 아마도 우리의 몸이 하나님께 반응하는 일일 것이다. 나는 하나님 앞에서 그저 손을 들고 찬양하라고 말했을 뿐인데도 화를 내는 사람들을 여러 번 보았다. 많은 시간 동안 '손을 들어올리는 것을 예배의 일부로 생각할 수 없는' 사람들을 상담하였지만, 그런 반대하는 마음을 극복하고 결국 손을 들어올린 사람들은 예외 없이 아름다운 찬양 가운데로 들어갔다.

최근 플로리다에서 개최되었던 한 콘퍼런스에서 어떤 자매가 찬양 가운데 들어갔던 것을 말하며, 이러한 경험은 자신의 인생에서 처음 경험했던 일인데 공개적으로 자신의 손을 올렸기 때문에 가능했다고 전했다. 이렇게 자신의 의지를 표현한 것에 대해 축하하자 그 자매는 이는 자신의 의지 때문이 아니라 남편이 곁으로 와서 자신의 손을 잡아 공중으로 들어올렸기 때문이었다고 말했다. 그럼에도 불구하고 그녀는 이 경험을 통해 그동안 바랐던 대로 감정을 꺼내 놓을 수 있었다.

몸으로 찬양에 참여하면 우리 내면에 자유함이 찾아오는데, 여기에는 무언가가 있다. 또 '우리 자신을 구경거리로 만들고 싶어 하지 않는' 우리의 교만 안에도 무언가가 있다고 생각한다. 우리는 아직 하나님의 임재 앞에 우리 자신을 온전히 내어 놓는 법을 배우지 못했다.

스포츠 경기에서는 우리 감정을 쏟아 놓으며 신체적으로도 반응하지만 교회에서 그렇게 하는 것은 우리의 소중한 품위를 떨어뜨리는 것이라고 생각한다. 그럼에도 불구하고 우리의 손을 들어올리고(시 63:4), 손바닥을 치며(시 47:1), 하나님 앞에 서며(시 135:2) 하나님 앞에 굽혀 경배하고 그 앞에 무릎을 꿇고(시 95:6) 주 앞에서 춤추거나 뛰놀라고 성경은 우리에게 촉구한다.

마지막으로 시편 149편 3절은 "… 소고와 수금으로 그를 찬양하"라고 명령한다. 찬양 및 예배와 관련하여 악기를 연주하는 것은 구약에서 16회, 신약에서 4회 언급된다. 하나님이 창조하신 몇몇 다른 피조물들이 제한된 음악적 억양을 만들어낼 수 있음에도, 기계적인 장치를 만들어 그것으로 음악을 만들어낼 수 있는 유일한 피조물은 인간뿐이다. 우리는 창의적이고 예술적일 뿐 아니라, 악기를 포함한 다양한 형태의 음악으로 우리의 영혼을 표현한다. 시편 150편은 당대의 악기를 모두 열거하여 보여주며 "이러한 것들로 하나님을 찬양"하라고 말한다.

이스라엘은 알리기 위한 소리로, 군대의 사기를 진작하고 사람들에게 예배를 알리는 도구로 나팔을 사용했다. 시 81편 3절은 "초하루와 보름과 우리의 명절에 나팔을 불지어다"라고 전하며 정해진 세 번의 축제 때 백성들이 예루살렘으로 올라올 것을 알리며 나팔을 불었다고 전한다. 축제의 핵심은 기쁨과 찬양이었다.

우리는 찬양이 개인적인 것이라고 생각할 때가 있다. 하지만 우리가 살펴본 것처럼 성경은 찬양이 공개적으로 표현되어야 하는 것임을 명확히 가르친다. 우리가 함께 모이는 목적은 예배이며, 찬양은 그 예배의 중요한 부분이다.

찬양을 시작할 때 시편 149편을 찬양의 핸드북으로 삼으라. 첫째, 개인적으로 너희 주 하나님을 찬양하라. 둘째, 하나님께 노래하라. 셋째, 회중 찬양으로 하나가 되라. 넷째, 하나님의 임재 가운데 나아갈 때 '기쁘게 하는' 법을 배우라. 다섯째, 우리 스스로가 '기쁘게 해야' 하며 우리의 감정을 하나님께 꺼내 놓아야 한다. 여섯째, 우리는 춤추며 하나님을 찬양할 수 있다. 우리의 몸이 예배에 참여하게 하라. 일곱째, 하나님 앞에서 찬양하며 다룰 수 있는 악기가 무엇이든 그것을 연주하라.

최근 나는 캐나다의 주요 도시에서 열렸던 대규모 청년집회에서 말씀을 전했다. 나는 20대 중반의 한 젊은이가 손에 작은 종을 두 개 들고 강단에 선 것을 보고 놀랐다. 우리가 찬양할 때 그는 그 작은 종을 연주하였고, 2,000명이 넘는 청년들이 노래하면서 여러 대의 기타 소리가 증폭되고, 큰 파이프 오르간이 울려퍼지는 상황에서 나는 첫 번째 줄에서도 그의 종소리가 들리지 않을 것이라고 생각했다. 하지만 그의 얼굴을 보면서 나는 그가 단지 자신의 소리를 들리게 하기 위해 연주하고 있는 것이 아님을 깨달았다. 그는 두 개의 종을 가지고 기쁘게 하나님을 찬양하며, 찬양 중에 그는 온전히 빠져들었다.

찬양하는 자가 되기 위해서 위대한 일을 해야 할 필요는 없다. 단지 무언가를 하기만 하면 된다! 찬양은 생각도, 느낌도 아니다. 찬양은 표현이다!

찬양은 우리 감정에 지배되어서는 안 되고, 우리 감정을 꺼내 놓는 것이 되어야 한다. 찬양은 사람의 영혼에서 시작되며 사람의 의지에 지배를 받으며 우리의 모든 것을 사용하여 표현되어야 한다. "너희 하나님을 찬양하라."

찬양의
동기

십대 전도사 시절, 나는 이성에 관한 관심이 전혀 없어서 결혼을 하지 않을 것이라고 꽤 확신했었다. 그러나 내가 성경학교에 들어간 지 두 달쯤 되었을 때 한 자매를 보게 되었다. 그녀는 가을 학기가 시작된 후, 조금 늦게 학교에 나왔다. 그 후 얼마 안 되어 그 자매는 내가 설교자로 섬기던 사역 팀에 피아노 반주자로 배정이 되었다. 그런데 이 자매에게는 뭔가 다른 게 있었다. 이성교제에 극단적일 만큼 무관심했던 나는 그녀와 함께 있는 것만으로도 이성에 대해 다시 생각하게 되었다. 그리고 그 해가 지나가기 전, 나는 그녀 친구의 설득과 확신으로 그녀에게 결혼 프로포즈를 했고, 1943년 6월 20일 마침내 나는 '여자를 싫어하는' 저드슨에서 유부남 저드슨이 되었다. 오, 확신의 힘이란!

신약성경에서는 '확신과 설득'이라는 단어를 여러 가지 형태로 26회나 사용하고 있다. 가장 익숙한 두 구절을 예로 들면 다음과 같다. "이로 말미암아 내가 또 이 고난을 받되 부끄러워하지 아니함은 내가 믿는 자를 내가 알고 또한 내가 의탁한 것을 그날까지 그가 능히 지키실 줄을 확신함이라"(딤후 1:12). "내가 확신하노니 사망이나 생명이나 천사들이나 권세자들이나 현재 일이나 장래 일이나 능력이나 높음이나 깊음이나 다른 어떤 피조물이라도 우리를 우리 주 그리스도 예수 안에 있는 하나님의 사랑에서 끊을 수 없으리라"(롬 8:38-39).

설득하는 자였던 사울은 설득 당한 바울이 되었다. 그에게 일어났던 어떤 일이 그의 관점을 바꾸었다. 하나님은 우리를 찬양으로 이끄실 때 이러한 방법을 사용하신다. 하나님은 무력을 사용하지 않으신다. 사실을 보여주신다. 찬양에 있어서 하나님은 명령하시기보다는 설득하시는 편이시다. 우리가 찬양하도록 만들고자 하지 않으신다. 하나님이 원하시는 것은 우리가 찬양하도록 동기를 유발시키는 것이다.

우리 안에 하나님이 주시는 거룩한 자극에 반응하고자 하는 내면의 열망이 없다면, 우리가 드리는 찬양은 하나님을 기쁘시게 할 수 없다. 그것은 감사의 말을 하지 않으면 벌 받을 거라고 위협당한 아이가 마지 못해 하는 "감사합니다"와 다를 바 없기 때문이다. 우리가 부르는 찬양 중에 이런 가사가 있다. "하나님은 그들의 뜻과 반대로 강요하지 않으시고, 우리가 기꺼이 그것을 할 수 있는 용기를 주신다." 우리를 이끌어 찬양과 예배 가운데 나올 수 있게 하시는 하나님의 방식을 얼마나 이해하기 쉽게 보여주는 가사인가. 하나님은 우리를 설득하신다!

시편 149편 1-7절에서는 찬양을 하도록 만드는 일곱 가지 동기를 보여주고 있는데, 이는 우리가 찬양 중에 하나님께 반응하도록 하나님이 사용하시는 설득의 무기이기도 하다.

첫 번째 찬양의 동기는 하나님의 성품에 대해 아는 것이다! "새 노래로 여호와께 찬양하라"(1절). 우리가 하나님이 누구신지 어렴풋이라도 알기 전까지는 결코 좋은 찬양자가 될 수 없다. 영광스러운 하나님, 자비하신 하나님, 사랑과 긍휼이 풍성하신 하나님을 알아야만 한다. 종교에서 표현하는 하나님이 아니라, 말씀 가운데 나타나신 하나님을 알아야만 한다.

하나님이 오레곤에 있는 우리 교회를 찬양으로 이끄시기 시작하실 때, 하나님께 손을 드는 법, 혹은 '할렐루야'나 '하나님을 찬양하라'는 말을 하는 방법을 배우는 데 2년이 걸린 것이 아니다. 우리 안에 있는 것을 진짜로 꺼내 놓는 것이 찬양이라는 것을 깨닫는 데 2년이 걸린 것이다. 우리가 온전히 하나님을 찬양할 수 있게 되기 위해서는 우리 개념 속의 하나님을 다시 평가하는 것이 필요하다는 것을 깨달았다. 종교적 전통으로 인해 우리 중 일부는 율법주의에 묶여 있다. 우리는 하나님을 법관으로, 하나님이 우리의 실패를 주시하시는 분으로 보기 때문에 하나님을 찬양하는 것이 어렵다.

또 어떤 사람들은 그들이 살아온 배경 때문에 하나님을 아주 높고 고귀한 분으로 여겨서 하나님께 다가갈 수 없다고 생각하기도 한다. 이들에게는 하나님이 자신의 삶에 개입하시는 것은 상상할 수도 없는 일이다. 찬양으로 하나님의 임재 가운데 들어가는 것을 미국 대통령이나 영국 여왕과의 접견을 바라는 것과 같다고 생각하는 것이다. 하지만 성령님은 성경을 통해 천천히 우리를 다시 인도해 주셔서, 하나님이 아주 가까이 계시며 우리에게 깊이 관여하시는 분임을 알게 하신다. 하나님은 '아버지', '형제', '남편', '신랑'으로 그 모습을 드러내시며 우리가 하나님께 편안하게 반응할 수 있도록 하신다.

아내와 내가 인도네시아의 한 목회 시설에서 사역하고 있을 때, 우리는 감정적 반응에 대해 많은 것을 기대하지 말라는 얘기를 들었었다. 자바 섬의 극히 복잡한 생활환경과 고대 문화의 관습에 깊이 뿌리박힌 삶으로 인해 그들의 감정적인 반응은 매우 억압되어 있었기 때문이다. 이 콘퍼런스에는 서로 다른 약 28개의 교파와 단체를 대표하는 350명 정도의 목회자들이 참여했었는데, 이는 인도네시아 종교의 단면을 보여주는 것이기도 했다.

우리가 한 일은 말씀을 가르치면서 예수님을 높이는 것뿐이었다. 찬양이나 예배에 관해 설교하지 않았다. 우리는 모세를 향한 하나님의 부르심에 대해 가르쳤는데 이 형제들은 다윗이 보았던 것을 보기 시작했고, 다윗이 느꼈던 감정을 느끼고, 다윗이 했던 일을 하고자 했다. 그 어떤 명령이나 요청도 없이 이들은 울고, 소리치고, 손뼉치며 찬양하기 시작했고, 하나님을 기뻐하며 건물을 돌기도 했다. 하나님에 대한 그들의 지식이 새롭게 고양되었고, 반응은 자발적이며 자유로웠다. 그들은 하나님의 사람을 보았고 그로 인해 찬양했다. 그리고 거룩한 임재 가운데 들어갔다.

찬양을 하도록 만드는 가장 강력하고 좋은 동기는 말씀에 나타난 하나님을 보는 것이다. 우리가 예수님을 사랑이 많고 온유한 분으로 새롭게 보며, 우리 삶의 모든 필요를 채우시는 총 공급자이자 왕으로 본다면, 하나님을 찬양할 수밖에 없을 것이다. 왜냐하면 사랑은 반드시 표현되며, 찬양은 사랑에 대한 자연스러운 반응이기 때문이다. 무엇보다도 우리는 그분이 하나님이시기에 찬양한다.

두 번째로 우리는 하나님이 하신 일로 인해 찬양한다. 시편 기자는 "이스라엘은 자기를 지으신 이로 말미암아 즐거워"(시 149:2) 한다고 했고, 이사야 43장 1절은 "야곱아 너를 창조하신 여호와께서 지금 말씀하시느니라 이스라엘아 너를 지으신 이가 말씀하시느니라 너는 두려워하지 말라 내가 너를 구속하였고 내가 너를 지명하여 불렀나니 너는 내 것이라"라고 말씀하고 있다. 하나님은 우리를 창조하시고 조성하셨고 부르시고 구원하셨으며 우리의 아버지로서의 모든 책임을 받아들이셨다. 이 사실이 우리 안에서 찬양하게 하는 것이다. 그러나 우리 중 일부는 스스로 만든 문제 때문에 하나님을 찬양하지 못한다. 어린 시절 나는 몇 년 동안 고민하던 문제가 있었는데 그것은 내 체격에 관한 것이었다. 아버지는 가족 중 가장 왜소하셨지만 키는 185센티미터나 되셨다. 동생들도 아버지보다는 조금씩 더 컸다. 우리 집에는 형제들 중에 아버지의 키를 넘어서면 공짜 밀크쉐이크를 주는 전통이 있었는데, 대공황 시절 밀크쉐이크는 아주 큰 보상이었다. 수년간의 '고투' 끝에 나는 결국 어머니의 키를 따라잡았고 아이스크림을 상으로 받았다. 동생들은 크고, 체격도 좋아 운동선수 같았지만 내 키는 겨우 175센티미터 정도였다.

나는 수년 동안 동생들 옆에 설 때면 심한 열등감을 느꼈다. 동생들은 축구 팀을 만들었고 나는 치어리더 팀을 만들었다. 동생들은 '남자다움'의 모든 조건을 갖추었던 반면, 나의 관심사는 음악과 책이었다.

그런데 어느 날 이사야 43장 1절을 읽을 때 성령님께서 말씀하셨다. "저드슨, 내가 너를 작고 온유하게 만들었단다."

나는 가족 중 장남이었기 때문에, 이전에는 하나님이 나를 통해 자신의 실수를 보시고 동생들부터 그 실수를 고치셨다고 생각했었다. 하지만 이 말씀을 묵상하면서 내 안의 쓴 뿌리와 열등감이 사라지기 시작했다. 하나님은 정확히 나를 만드셨던 것이다.

이 진리가 나를 압도하기 시작하면서 하나님은 나에게 더 많은 것을 말씀하셨다. "내 아들아, 나는 너를 만들었을 뿐 아니라 너를 재창조하였단다. 나는 너를 네 어머니 뱃속에서 지었을 뿐 아니라 성령 안에서 조성하였고, 내가 태초부터 너를 계획한 그대로 되게 하였단다."

이 말씀으로 인해 내 안에 어떤 새로운 찬양의 영역이 열리게 되었는지 아무도 모를 것이다. 하나님은 나를 만드셨고, 다시 만드셨다. 나를 조성하시고, 다시 조성하셨다. 나를 창조하셨고, 다시 창조하셨다. 하나님은 나를 태어나게 하시고, 거듭나게 하셨다.

당신이 당신일 수 있는 이유는 하나님이 당신의 삶을 위해 선택하신 방식과 더불어 당신이 당신 삶에서 내린 선택들로 인한 것이라고 나는 생각한다. 하지만 당신이 현명하지 못한 선택을 했더라도, 하나님은 이를 뒤엎고 하나님의 지혜로 새롭게 하실 수 있으시며, 이 사실은 찬양으로 이어져야 한다. 당신이 천주교나 루터교, 혹은 장로교의 뿌리를 가지고 있다고 자신을 비난하지 말라. 나는 내가 오순절 교파의 뿌리를 가졌다는 사실에 대해 스스로 비난하는 것을 멈춰야 했다. 하나님의 관심은 우리가 과거에 어떠했는지가 아니라 우리가 지금 어떻게 바뀌고 있는지에 있다.

우리가 가진 배경에도 불구하고 하나님은 우리를 당신 앞으로 이끄셔서 자녀 삼으시고, 녹이고 주조하고 모양을 다듬는 과정을 통해 우리를 하나님의 형상대로 조성하셔서 우리가 천국에서 하나님과 함께 앉을 수 있도록 만드신다. 이러한 일은 우리 마음에 찬양을 불러일으킬 수밖에 없으며, 이 찬양은 우리의 입을 통해 표현되어야만 한다. 내가 어찌할 수 없는 영역까지도 하나님은 성령님을 통해 완전하게 하신다. 그렇기 때문에 나는 그냥 뒤에 서서 내가 할 수 없는 일을 하나님이 하고 계심으로 인해 기뻐하고 찬양한다.

세 번째로 우리는 하나님의 왕 되심을 인하여 찬양한다. "시온의 주민은 그들의 왕으로 말미암아 즐거워할지어다"(시 149:2). 우리의 감정을 다스리는 법을 배우는 것은 중요한데, 우리가 감정을 다스리지 않으면 감정이 우리를 다스리고 감정에 지배받는 삶은 끔찍하기 때문이다. 분명히 우리가 가진 감정은 한 세트 뿐이며 이는 우리의 영과 혼, 그리고 성령에 의해 사용되어야 한다. 이러한 감정을 안전하게 배출하는 수단이 없다면, 감정들은 과부하가 되어 잠재적 위험이 될 것이다. 감정에 북받친 집단은 위험에 가장 취약하다. 감정은 모든 군중의 행동에 기초가 되며 이것은 어떻게든 사람들이 감각을 잃어버리게 만든다. 그리고 감정이 너무 북받치면 우리는 이성적인 사고를 하지 못하고 자극에 반응하는 경향이 있다. 찬양은 하나님이 주신 것이며, 감정을 배출하는 통로임을 성경이 가르치고 있다. 찬양은 우리의 답답한 감정을 하나님을 송축하면서 우리를 더 발전시키는 안전하고 긍정적인 방식으로 풀도록 도와준다.

우리가 만일 예배자들에게 이러한 감정을 배출할 기회를 주지 않고, 예배 가운데 노래, 권면 그리고 설교를 통해 고도의 감정을 쌓아가는 것은 불공평하고 잠재적으로 볼 때 안전하지 못하다. 감정적으로 만족하지 못하는 예배에 나타나는 문제 중 하나는 사람들이 되는대로 행동하는 모습을 양산시키는 경향이 있다는 것이다. 심각하게 생각할 필요가 있는 문제이다.

예배가 사람들을 감정적으로 북받치게 하는 경향이 있고, 우리가 그 감정을 배출할 수 있는 공통의 방법을 제시하지 않는다면, 나중에 사회적인 상황 속에서 다른 사람들에게 감정적인 행동으로 반응하게 되리라는 것을 예측할 수 있다.

깊은 사랑의 감정은 한 사람에서 다른 사람에게 쉽게 전이된다. 하지만 기쁨의 감정은 기쁨을 낳은 것이 아닌 무언가 다른 것을 목표로 삼는다.

종교적인 감정을 신체적인 감정으로 전이하는 사람들을 우리는 자주 보게 되는데 이는 사탄이 가장 기뻐하는 일이다. 이러한 위험성 때문에 종교적인 의식 가운데 감정을 고조시키기지 않는 것이 가장 안전하다고 생각하는 사람들도 있다.

하지만 현명하게도 오스왈드 스미스는 이런 사실을 발견했다. "만일 종교에서 감정을 제한한다면 당신에게는 어떤 움직임도 없을 것이다." 해결책은 감정을 제한하는 것이 아니라 표현하는 것이다! 성도들이 "왕으로 인해 기뻐하게" 하라. 하나님을 찬양하고 찬미하는 데 있어 내면의 감정을 나타내는 법을 배우라. 하나님이 당신 안에 만들어 놓으신 것들로 하나님이 찬양을 받으시게 하라. 만일 당신을 사랑하게 하셨다면 당신의 사랑이 하나님을 향해 반응하게 하라. 그리고 당신이 이제껏 느껴보지 못했던 가장 깊은 사랑과 감사를 마음에 불러일으키셨다면, 이를 다시 하나님께 표현하라. 하나님은 이를 원하시고 따뜻한 마음으로 받으시며, 이를 표현하는 과정에서 당신은 감정을 소모하게 되고 다른 것으로부터의 자극을 위해 감정을 깨끗이 정리할 수 있다.

나는 목회 초기, 매 주일마다 스스로 긴장된 감정 상태를 유지했다. 토요일 저녁 늦게까지 기도를 했으며 주일 아침에는 기도를 하기 위해 일찍 일어났고, 주일학교에서 교사를 하고 예배 준비를 인도한 후 주일날 설교를 두 번이나 했다. 주일 저녁이 되면 너무 긴장되어서 잠을 이루지 못할 정도였다. 그래서 텔레비전이 보편

화되기 이전에는 피곤함이 긴장감을 이기는 시점인 새벽 두 시까지 독서를 했었다. 후에는 피곤에 지칠 때까지 텔레비전을 보았기 때문에 좀 더 수월해졌다. 나의 경우에는 주일이 지나면 보통 '우울한 월요일'이 찾아왔다. 화요일에는 슬럼프에서 벗어나는데, 감정이 나를 지배하도록 내버려 두지 않고, 내가 감정을 지배하면서 감정적으로 고조되었던 모든 것이 다시 낮아지기 때문이다.

하나님을 찬양하는 네 번째 동기는 "여호와께서는 자기 백성을 기뻐하신다"(시 149:4)는 것이다. 우리는 천국에 관한 성경구절을 읽을 때 이를 완전히 다 이해하지는 못하면서도 하나님이 천국의 그 모든 것을 매우 크게 기뻐하셔야만 한다고 생각하는 경향이 있다. 천사에 관해, 그의 영광과 위대함과 아름다움, 하나님의 보좌와 통치, 그리고 능력에 관해 읽으면 "이 모든 것은 하나님께 큰 기쁨이 되어야만 해"라고 말한다는 것이다. 또한 그의 창조에 관해 읽으면서 다시 한 번 창조가 하나님께 큰 만족이 되어야 한다고 생각한다.

하지만 성경은 창조에 관해 단지 "하나님이 그의 손으로 하신 일"이라고 말한다(시 19:1). 여기에서 쓰인 히브리어 단어는 '크로셰와 태팅과 같은 바느질'을 의미한다. 우리의 상상력 깊은 곳을 자극하는 항성계는 하나님의 취미를 좀 더 표현한 것으로 하나님이 여유 시간에 잠깐 동안 손으로 하신 일일 뿐인 것이다.

성경은 하나님이 그의 백성을 기뻐하신다고 전한다. 우리는 하나님의 기쁨의 대상이다.(우리는 이를 2장에서 찬양의 목적 중 하나님을 향한 부분에서 다뤘었다.) 하나님의 계획은 하나님의 백성 가운데 기쁨을 누리시며, 하나님의 백성 가운데 완전해지며, 하나님의 백성으로 만족해하시는 것이다. 사람은 하나님의 영광이다.

만일 어떤 사람을 진정으로 사랑하면 우리는 계속해서 그를 기쁘게 할 방법을 찾는다. 생일이나 크리스마스가 다가오면, 좋아할 만한 것을 알아내기 위해 힌트나 그가 암시하는 것을 찾으며 그의 말에 귀를 기울인다. 직접적으로 물어보고도 싶지만, 그를 기쁘게 해줄 기회를 놓치고 싶지도 않다. 그러다가 어떤 단어나 힌트를 통해 그의 마음을 알아채면 그의 소원을 충족시켜 줄 수 있을 때까지 이를 우리 마음속에 숨겨둔다.

하나님은 찬양이 우리가 하나님께 드릴 수 있는 가장 좋은 선물이라고 넌지시 말씀하신다. 왜 그런가? 하나님이 "이것이 나에게 기쁨이 된다"고 말씀하시기 때문이다. 왜 찬양이 하나님께 기쁨이 되는지 이해할 때까지 기다리지 마라. 왜냐하면 하나님께 순종하기 전까지는 이해할 수도 하나님과의 관계가 성숙할 수도 없을 것이기 때문이다. 하나님이 좋다고 말씀하신 그 사실이 찬양의 충분한 동기가 되어야 하기 때문이다.

우리 교회가 이 진리를 알아가고 있던 몇 년 전, 내 여동생은 성령님이 주시는 영감을 받아 찬양을 주제로 크리스마스 칸타타 전곡을 작곡하였다. 그 칸타타에 반복적으로 들어가는 코러스는 "크리스마스의 (주인이신) 그리스도께 찬양하라"라는 말이었다. 처음 이 곡을 불렀을 때 사람들은 놀랐는데, 크리스마스에 실제로 찬양을 한다고 생각했던 사람이 얼마 없었기 때문이다.

하지만 두 번째 반응은 찬양을 다시 보게 하는 것이었다. 우리는 크리스마스에 다른 어떤 일을 하는 것보다도 찬양하는 것이 더 적절한 것 같았기 때문에 이 칸타타를 여러 번 불렀다. 예수님은 금이나 유향, 몰약을 필요로 하지 않으신다. 하지만 우리의 찬양을 기뻐하시는 것은 분명하다. 시편은 "그에게 수종들며 그의 뜻을 행하는 모든 천군이여 여호와를 송축하라"(시 103:21)라고 선포한다. 그것은 주님의 축복 속에서 하나님을 찬양하고 우리의 기쁨을 하나님께 드리는 것이다.

찬양을 하도록 하는 다섯 번째 동기는 "여호와께서는…겸손한 자를 구원으로 아름답게 하신다"(시 149:4)는 말씀에서 찾아볼 수 있다. 우리는 우리의 변화된 모습을 통해 하나님을 찬양해야 한다고 생각한다. 그러나 "제 안에 선한 것이 하나도 없습니다"라는 말은 그만하라. 하나님이 당신 안에 이미 계시기 때문이다.

하나님은 그의 모든 영광과 아름다움을 그의 영과 함께 우리에게 부어주신다. 우리의 가장 못난 부분도 하나님의 일하심으로 아름다워지고 있다. 솔로몬의 아가서를 읽으면 필자는 계속해서 그 여인의 아름다움을 묘사하고 있는 것을 알게 될 것이다. 이는 부여된 아름다움이요 거룩한 아름다움이자 영광스러운 아름다움이다. 하지만 이 아름다움은 그녀의 것이 되었다!

몇 년 전, 하나님은 나에게 이제 하나님이 보시는 나의 내면의 자아를 보여줄 때가 되었다고 말씀하신 적이 있다. 그 당시 나는 하나님께 그것을 알려주지 마시라고 간곡히 말씀드렸었다. 하나님이 나의 모습을 보여주시면 나는 완전히 황폐해질 것 같았다. 당시 사역을 위해 남아메리카로 향하고 있었고, 이미 두려움과 자기 회의로 가득 차 있었다. 하지만 하나님은 그날 매우 강하게 말씀하셨고, 내 의지와는 반대로 나를 묘사하기 시작하셨다.

나는 결코 그 경험을 잊을 수 없다! 하나님은 한 시간 이상 나에 대해 구체적으로 말씀하셨다. 내가 아직 이루지 못한 사역에 대해 설명하셨으며 내가 아직 소유하지 않은 내면의 자질에 대해 말씀하셨고, 하나님이 보시는 방식대로 나의 동기와 매너리즘, 나의 방식과 사역에 대해 이야기해 주셨다.

주님이 말씀하시는 것을 오랫동안 듣고 난 후, 이는 나에 대한 묘사가 아닌 것이 분명하다고 말씀드리며 성령님의 흐름에 끼어들었다. 하나님이 지금 생각하고 계신 사람은 다른 사람이 분명했다. 왜냐하면 하나님이 말씀하셨던 그 사람은 거의 반세기 동안 살아온 나와는 닮은 구석이 거의 없었기 때문이다.

나의 반발에 하나님은 이렇게 말씀하셨다. "내 아들아, 나는 우리가 바라보는 대로 너를 설명하고 있는 것이란다. 왜냐하면 우리는 너의 삶의 청사진을 보고 있기 때문이다. 최고의 건축가가 설계도를 통해 완공된 건물을 보듯이, 우리도 처음부터 완성된 작품을 본단다. 네가 네 자신을 볼 때 너는 단지 기초가 놓였고 철근이 몇 개 설치된, 그저 지반에 뚫려있는 구멍처럼 보일 것이고, 네 주변에 있는 모든 것은 혼란스러워 보일 것이다. 하지만 우리는 그리스도 안에서 완전해진 너를 본단다. 그리고 그 안에서 네가 될 모습을 묘사한 것이란다." 할렐루야!

예수님이 당신의 교회에 오실 때는, 지치고, 기진맥진하고, 노쇠하고 나이든 신부, 부끄러워서 밤 깊은 때에 몰래 나가야 하는 그런 신부를 위해 오신 것이 아니다. 성경은 예수님께서 흠 없는 영광스러운 교회를 위해 오실 것이라고 전한다. 이러한 모습이 현재 당신이 보고 있는 교회의 모습인가? 그렇지 않다면, 어떻게 필요한 변화를 주어 영향을 끼칠 수 있겠는가? 예수님은 교회를 깨끗케 하시고, 변화시키시며 그의 아름다움을 교회에 부여하신다. 예수님은 자신이 원하는 모습으로 신부를 자신 앞에 나타내실 것이다. 교회가 예수님을 찬양할 때, 예수님은 교회를 변화시키신다. 이보다 더 우리를 찬양하도록 설득하는 말이 또 있을까! 거울을 볼 때마다 하나님을 더 찬양하고자 하는 마음이 생겨야 한다.

하나님을 찬양하도록 하는 여섯 번째 동기는 시편 149편에 있는데, 찬양은 우리를 하나님의 임재 가운데 이르게 한다는 것이다. 1절은 '성도의 모임 가운데에서'의 찬양에 관해 이야기하며 6절은 "그들의 입에는 하나님에 대한 찬양"이 있다고 말씀한다.

켄 테일러Ken Taylor는 리빙 바이블Living Bible에서 에베소서 3장 15절을 이렇게 번역하였다. "이미 하늘에 있거나 아직도 땅 위에 있는 당신의 가족들에게 베푸신 하나님의 계획이 얼마나 지혜롭고 엄청난 것인가를 생각할 때 나는 무릎 꿇고 기도드리지 않을 수 없습니다."(현대어성경)

하나님의 진정한 교회가 이 땅에 있다고 믿는 근시안적 사고를 가진 대부분의 사람들은 얼마나 어리석은가! 심지어 진정한 교회는 우리 교파, 혹은 우리 교회라고 믿는 사람들도 있다. 하나님의 교회는 현재 이 땅에 있는 그 무엇보다도 훨씬 위대하다. 하나님의 교회에는 전 세대의 위대한 성도들이 있으며, 그 중 몇몇은 이미 하나님의 임재 가운데 그들이 받을 보상을 받았으며, 또 다른 이들은 현재 이 땅에서 그리스도를 나타내며 살아가고 있다. 일부는 땅에서 하나님을 예배하고 있으며 나머지는 하늘에서 하나님을 예배하고 있다. 모두가 찬양을 올려드리고 있는 것이다.

히브리서 12장 22-24절에는 현재 살아 있고 이 땅에 있는 우리는 아홉 가지 '것'으로 나아간다고 한다. "그러나 너희가 이른 곳은 시온 산과 살아 계신 하나님의 도성인 하늘의 예루살렘과 천만 천사와 하늘에 기록된 장자들의 모임과 교회와 만민의 심판자이신 하나님과 및 온전하게 된 의인의 영들과 새 언약의 중보자이신 예수와 및 아벨의 피보다 더 나은 것을 말하는 뿌린 피니라." 이 모두는 천국의 것이다.

이사야 6장 1-4절과 요한계시록 19장 1-7절을 통해 우리는 모든 것이 하나님을 찬양하고 예배하는 것을 볼 수 있다. 천국에서의 주된 일은 찬양인 것 같다. 하늘의 찬양, 혹은 '위대한 찬양' 말이다.

시편 149편은 우리에게 "성도의 모임 가운데에서"(1절), "그들의 입에는 하나님에 대한 찬양이 있다"(6절)고 말씀하고 있는데, 나는 이것이 이 땅의 교회가 찬양의 수준을 높여 천국의 수준에 이를 때가 있음을 의미한다고 생각한다. 우리의 모든 찬양은 불완전하지만, 이미 천국에 속해 있는 일부 성도들은 이제 훨씬 더 완벽한 찬양의 형태를 배웠다. 이들은 '하나님의 모습 그대로의 하나님'을 보았으며, 세속적이고 육적인 추론이 아닌, 영적인 환상을 보며 찬양을 하고자 하는 마음을 가지고 있다. 우리가 그들의 찬양에 함께할 수 있다면, 우리는 훨씬 더 높은 찬양의 경지로 들어가는 것이다. 우리는 이미 시편 22편 3절에서 하나님이 '이스라엘의 찬양 가운데' 거하신다는 것을 언급했었다. 하지만 여기에서 우리는 하나님이 우리의 찬양에 함께하시기 위해 이 땅으로 내려오실 뿐 아니라, 우리의 찬양이 영적인 천국의 수준까지 올라가서 바울과 같이 우리 스스로가 "셋째 하늘로 이끌려간"(고후 12:2) 것을 알게 될 때가 있을 것이다.

시공간을 초월해 완전히 영적인 '다른 세계'로 들어가는 것은 거의 모든 사람들의 마음 깊은 곳에 있는 욕망으로, 종종 이러한 욕망은 너무 억압되어 그 사람도 모르는 것처럼 숨어 있는 경우도 있지만 우리 모두는 이러한 것을 바라고 있다. 사실 이렇게 억압된 욕망이 오컬트나 마녀사냥을 만들어내는 것이다.

인간은 누구나 자신이 속한 작은 세상의 경계를 깨고 싶어 한다. 하나님은 우리에게 '시공간적 장치'를 주셔서 우리가 하나님의 세계와 임재 가운데 들어갈 수 있게 하셨다. 하나님은 이 장치를 높은 찬양이라고 부르신다. 이러한 사실이 하나님을 찬양하는 삶을 살도록 당신을 동기부여하지 않는가?

일곱 번째 찬양의 동기는 시편 149편 7절과 같이 사탄에 대한 우리의 전쟁에 있어서 찬양이 중요한 무기가 된다는 것이다. 하지만 이 내용은 다음 장인 '찬양의 능력'의 중심 내용이기 때문에, 사탄을 꾸짖는 것은 천국에서 루시퍼와 같은 위치에 있던 미가엘에게 주어진 권위 그 이상이라는 점 외에는 더 다루지 않을 것이다.

찬양은 악의 세력에 대한 우리의 가장 위대한 무기이다!

위에서 살펴본 찬양의 동기들이 당신으로 하여금 하나님을 크게 보도록 하기에 충분한가? 목소리를 높여 주님을 찬양하라. 하나님이 하나님이심을 찬양하라. 하나님이 하신 일을 찬양하라. 당신의 기쁨의 감정을 표현해 하나님을 찬양하라. 하나님께서 주신 기쁨으로 찬양을 하라. 하나님이 당신 가운데 만들고 계신 아름다움으로 하나님을 찬양하라. 하나님의 임재 가운데 들어가도록 하나님을 찬양하라. 변함없이 하나님을 찬양하라.

찬양의
능력

09

"포악한 자여 네가 어찌하여 악한 계획을 스스로 자랑하는가… 그런즉 하나님이 영원히 너를 멸하심이여… 주께서 이를 행하셨으므로 내가 영원히 주께 감사하고"(시 52:1, 5, 9).

우리에게 찬양을 실천할 수 있도록 가이드라인을 제시해주고 우리로 찬양하도록 부드럽게 동기부여하는 시편 149편은 또한 우리에게 찬양의 엄청난 능력을 가르쳐준다. 하나님은 우리를 무방비 상태로 내버려 두지 않으시고 우리에게 강한 영적 무기를 주셨고, 그 중 가장 주된 무기는 바로 찬양이다.

시편 149편 7-9절은 찬양이 무기로 사용될 때, 그 위대함과 웅장함, 고귀함과 능력을 나타내는 찬양의 다섯 가지 기능을 구체적으로 말씀하고 있다. 첫째, 우리는 "뭇 나라에 보수"할 수 있다(7절). 둘째, 우리가 "민족들을 벌"할 수 있음을 선포한다(7절). 셋째,

찬양은 "왕들은 사슬로"(8절) 묶고, 넷째, "그들의 귀인은 철고랑으로 결박한다"(8절). 다섯째, "기록한 판결대로 그들에게 시행"한다(9절).

찬양은 대단한 능력이 있으며 영원한 효과가 있다! 찬양은 우리가 영적인 세계에서 직접 행동할 수 있도록 한다. 우리가 악한 사람들과 악의 세력과 맞붙어 싸워 승리할 수 있도록 하는데 이 모든 것은 찬양, 위대한 찬양으로 가능하게 된다. 이를 이해하기 위해 여기에 열거된 적들을 정의하고, 우리에게 제공된 무기가 무엇인지 이해한 후, 마지막으로 우리가 그 갈등의 본질을 이해할 수 있을 것이다. 적의 본질에 대해서는 두 부류의 사람들이 언급되며 두 가지 영적 세계의 범주를 보여준다. '뭇 나라'라고 불리는 사람들과 '민족'이다. 이 말씀에서 '뭇 나라'라는 표현은 하나님 없는 사람들을 지칭한다. 하나님에 대한 지식도 없고, 하나님을 받아들이지 않으며 하나님과 관계가 없는 그들에게는 복수가 이루어질 것이다.

7절에서 나오는 '뭇 나라'와 대조되는 '민족'은 아마도 하나님의 언약 백성으로, '하나님의 백성'이나 단순히 '그 백성'이라고 불리는 자들을 의미할 것이다. 이 백성은 하나님의 복수를 알지 못하고 단지 하나님의 징계하심만 알 뿐이다.

하나님은 이방인과 그의 백성을 다르게 다루신다. 성경은 "주께서 그 사랑하시는 자를 징계하시고 그가 받아들이시는 아들마다 채찍질하심이라"(히 12:6)고 말씀하고 있다. 또한 "우리가 판단을 받는 것은 주께 징계를 받는 것이니 이는 우리로 세상과 함께 정죄함을 받지 않게 하려 하심이라"(고전 11:32)라고 선포한다.

여기 언급된 영적 세계의 두 범주는 '그들의 왕'과 '그들의 귀인들'이다(8절). 이방의 왕은 사탄이다. 사탄은 이 세대의 신으로 여겨진다. 예수님은 사탄을 '이 세상의 통치자'라고 지칭하셨으며 바울은 사탄을 '공중의 권세잡은 자'라고 불렀다(엡 2:2). 만일 그들의 왕이 사탄이라면, 그들의 귀인들은 악의 영역 가운데 그보다 능력이 더 적은 무리를 의미할 것이다.

에베소서 6장 11-12절에서는 다음과 같이 사탄의 왕국의 다섯 단계의 권세를 나열한다. "너희는 ①마귀의 간계를 능히 대적하기 위하여 하나님의 전신 갑주를 입으라 우리의 씨름은 혈과 육을 상대하는 것이 아니요 ②통치자들과 ③권세들과 ④이 세상 어둠의 세상 주관자들과 ⑤하늘에 있는 악의 영들을 상대함이라."

이런 각 단계를 완전히 정의하는 것은 이 책의 범위가 아니지만, 우리는 사탄의 왕국이 하나님 나라를 본뜨고 있고, 사탄으로부터 그 권세가 다른 타락한 천사들을 통해 마귀(악한 영)에게까지 영향력을 미치고 있음을 알고 있다.(부록의 "마귀"부분을 참조하라.)

모든 것은 그들의 왕인 사탄의 통치하에 있는데, 요한계시록

16장 13-14절에서는 "또 내가 보매 개구리 같은 세 더러운 영이 용의 입과 짐승의 입과 거짓 선지자의 입에서 나오니 그들은 귀신의 영이라 이적을 행하여 온 천하 왕들에게 가서 하나님 곧 전능하신 이의 큰 날에 있을 전쟁을 위하여 그들을 모으더라"라고 확언한다.

또한 유대인들이 예수님은 마귀들의 우두머리인 바알세불을 통해 귀신을 쫓는다고 주장했던 것을 기억하라(눅 11:15). 헬라어 사전에서는 "바알세불"이 사탄의 이름이라고 강하게 단언한다. 그리스도가 계시던 당대에 사탄은 마귀들의 우두머리로 인식되었다. 귀신은 분명 '자유로운 존재'가 아니었다. 이들은 사탄의 입에서 나와, 바알세불과 같은 존재의 책임 아래에 있었다.

에베소서 6장 11-12절에 나열된 적들의 목록을 보면 위협의 정도가 진전되는 것이 눈에 띈다. 우리 모두에게 별로 위협이 되지 않는 '뭇 나라'들로부터, 동료애 때문에 우리가 훨씬 더 취약한 '민족들', 그리고 우리 중 직접 대면을 하는 사람은 거의 없을 사탄, 그리고 우리가 다른 모든 것들을 합친 것보다 더 고투하게 될 그의 왕국의 점차 약화되는 능력까지 그 위협의 정도가 진전됨을 볼 수 있다. 하지만 우리는 찬양이 이들 모두에게 대항하는 무기임을 배웠다.

우리는 '높은 찬양'이라고 불리는 무기를 살펴보아야 한다. 기름부으심에 정도가 있는 것처럼 찬양에도 정도가 있다. 우리는 주로 낮은 수준의 신앙과 기름부으심 가운데서 찬양을 시작하여 영혼과 감정의 영역에 처음 들어가고 이후 마음과 의지의 영역으로, 그리고 마지막으로 우리의 영을 통해 하나님의 영으로까지 나아간다. 우리가 찬양을 통해 하나님의 영과 연합하기 시작하면 우리는 더 높은 찬양의 영역으로 나아가게 된다.

여기에서 말하는 하나님 나라의 적들에 대한 무기로써의 찬양은 특히 '하나님의 높은 찬양'이라고 불린다. 이는 하늘에서 제공되는 찬양을 의미한다. "성도들은 [천국에서] 영광 중에 즐거워하며 [땅에서] 그들의 침상에서 기쁨으로 노래할지어다"(시 149:5).

우리는 아직 완벽하지 않다. 우리는 여전히 영적인 것을 이해함에 있어서도 많은 한계가 있다. 성경에서는 우리가 수많은 천사들의 무리에 둘러싸여 있다고 가르침에도 불구하고 우리는 그 사실을 알지 못한다. 하지만 우리가 영적으로 성장하기 시작하며 하나님이 우리를 그리스도의 온전한 교회의 찬양 가운데 들어가도록 허락하시는 때가 있다. 우리가 이 땅에서 속한 부분이 하늘에 속한 부분의 찬양에 연합되는 것이다. 그렇게 연합되는 교회는 주로 예배와 찬양을 하며, 자신들이 찬양하고 있는 그분의 얼굴을 보기 때문에 찬양 가운데 완전함에 이르게 된다. 이들은 공의를 이해하게 되고, 복수를 이해하게 되며 곧 이 땅을 다스리고 계신 그리스도의 진정한 주 되심을 이해한다. 이들은 하나님의 목적을 보게 되고 우리가 볼 수 없는 것을 볼 수 있기 때문에 더 그리스도의 이름을 높여 찬양할 수 있다.

우리는 믿음으로 찬양하지만, 그들은 사실을 찬양한다. 우리는 육체를 가지고 찬양하지만 그들은 영으로 찬양한다. 우리는 사람의 교훈을 받지만 그들은 천사들의 교훈을 받는다. 우리는 매우 제한적이지만 그들에게는 한계가 없다. 그리스도의 피와 하나님의 사랑으로 유대가 이루어지지 않았다면 이 두 무리 사이에는 결코 유사한 부분이 하나도 없었을 것이다. 하지만 히브리서 12장 1절은 이 하늘의 무리를 "구름같이 둘러싼 허다한 증인들"이라고 말하며, 땅의 무리가 이 삶의 경주를 계속할 것을 격려하고 있다고 말해준다.

때로 하나님은 우리가 찬양 중에 우리의 감정 수준이 심지어는 우리의 믿음의 수준을 뛰어넘게 하시며 하늘의 무리들과 찬양 가운데 연합하게 하신다. 이런 일이 일어날 때에도 우리는 천사들과 완전해진 사람들의 영과 함께 찬양하고 있다는 것을 의식하지 못하는 경우가 많다. 하지만 예수님이 변화산에서 모세와 엘리야와 함께하셨던 것처럼, 우리 입에 하나님의 높은 찬양이 있게 하는 찬양에 대한 화답으로 영광 중에 하늘과 땅의 성도들이 하나가 되는 때가 있다고 믿는다. 우리가 그렇게 하나 되고 연합하게 될 때, 하늘과 땅의 성도들이 교감할 때, 늘 사용하는 동일한 단어로 찬양할지라도 우리의 찬양은 더 순전하고 강하며 더 적절한 지시를 받는다. 그리고 새로운 방향과 새로운 흐름, 새로운 신앙의 깊이와 새로운 권위가 우리의 찬양 가운데 있게 되는 것이다.

흥미로운 점은 우리 번역본에서는 이 높은 찬양이 우리의 "입"에 있게 된다고 하는데, 히브리 원어의 문자적 의미는 "그들의 목"에 있다고 표현되어 있다.

예수님께서 우리의 뇌가 아닌 "그 배에서 생수의 강이 흘러나오리라"(요 7:38)고 말씀하신 것처럼 이는 높은 찬양이 우리의 마음이 아닌 우리의 목에 있다는 뜻이다. 혀가 의식 수준을 넘어서는 것처럼(초의식적) 어떤 찬양은 의식적인 마음의 수준을 넘어서는데 이는 성령님이 직접적으로 영감을 주신 결과이다. 마치 영이 찬양을 하는 것과 같다. 이는 혀로 찬양하는 것이겠지만 사실은 우리 자신만의 언어로 찬양하는 것과 같다. 그것은 우리의 지성이 우리 목소리의 화음을 충족시키는 것이 아니라, 성령님이 찬양을 표현하도록 지시하시고 계시는 것이다. 성령님이 천국의 "높은 찬양"을 우리의 입에 흘려보내 주시는 것이다. 이럴 때 찬양은 우리의 표현 방법일 뿐 아니라 무기가 된다. 이 얼마나 멋진 무기인가!

"그들의 입에는 하나님에 대한 찬양이 있고 그들의 손에는 두 날 가진 칼이 있도다"(시 149:6). 하나님이 미리 정하신 순서를 결코 바꾸지 말라. 입에 있어야 할 것은 찬양이지 검이 아니다. 요한계시록 1장에서는 그리스도의 입에 검이 있음을 보여주지만 성경 어느 곳에도 성도의 입에 검이 있다고 하는 본문은 없다. 검은 성도의 손에 있다. 에베소서 6장 17절에서는 이를 "성령의 검 곧 하나님의 말씀을 가지라"고 적고 있다. 우리가 우리 입에 있는 검으로 싸우려할 때 우리는 상처를 입히고 나뉘고 죽일 뿐이다. 다른 관점의 '증거 본문들' 혹은 '소그룹 모임'에서 성경 말씀을 무분별하게 사용함으로써 우리에게 잘못된 관점을 심어주어 그리스도의 몸은 많은 상처를 입었다. 우리를 승리로 이끄는 것은 말씀을 인용하는 것이 아니라 우리의 입을 통해 하나님의 높은 찬양을 풀어내는 것이다!

물론 우리에게는 말씀이 필요하다. 하지만 성경은 손에 쥐고 있으라. 우리에게 진정 필요한 것은 영과 말씀을 합한 것으로 약속에 기반한 찬양, 입을 통해 쓰여진 말씀에서 흘러나오는 말, 그리고 사람을 향한 말씀의 계시에 기초한 하나님을 향한 반응이다.

지금까지 우리는 적들에 대해 살펴보았고, 하나님이 그 적들을 대항하여 사용하도록 우리에게 주신 무기에 대해 살펴보았다. 이제 갈등의 본질과 찬양이라는 우리의 무기를 어떻게 사용해야 할지 알아보자.

시편 149편은 우리의 무기가 성공적으로 "이것으로 뭇 나라에 보수하며 민족들을 벌하며 그들의 왕들은 사슬로, 그들의 귀인은 철고랑으로 결박하고 기록한 판결대로 그들에게 시행할"수 있다고 전한다(7-9절).

어떤 사람들은 하나님을 사랑의 하나님이자 동시에 심판의 하나님으로 보는 걸 어려워한다. 찬양을 다른 사람에게 복수하고, 처벌과 결박 그리고 심판하기 위해 사용한다는 개념에 당혹감을 느끼는 사람들도 있을 것이다. 이들은 이러한 개념이 전혀 신약적이지 않고, 그들이 알고 있는 하나님이 아니라고 말하기도 한다. 하지만 이는 진정 신약적이며 당신이 알아야 할 하나님의 모습이다!

요한계시록 6장 10절에서 우리는 순교자들이 "거룩하고 참되신 대주재여 땅에 거하는 자들을 심판하여 우리 피를 갚아 주지 아니하시기를 어느 때까지 하시려 하나이까" 하며 울부짖는 소리를 듣는다. 또 11장 17-18절에서 이십사 장로들이 하나님을 예배하며 "이르되 감사하옵나니 옛적에도 계셨고 지금도 계신 주 하나님 곧 전능하신 이여 친히 큰 권능을 잡으시고 왕 노릇 하시도다 이방들이 분노하매 주의 진노가 내려 죽은 자를 심판하시며 종 선지자들과 성도들과 또 작은 자든지 큰 자든지 주의 이름을 경외하는 자들에게 상 주시며 또 땅을 망하게 하는 자들을 멸망시키실 때로소이다 하더라"라고 말씀하시는 것을 들을 수 있다.

하나님은 말씀을 통해 이렇게 선포하셨다. "원수 갚는 것이 내게 있으니 내가 갚으리라고 주께서 말씀하시니라"(롬 12:19). 하나님은 당신이 복수의 영을 갖기를 원치 않으신다. 그 마음이 당신을 파괴할 것을 아시기 때문이다. 사람은 복수심을 다룰 수 있을 만큼 강하지 못하다. 그래서 예수님은 "그러나 너희 듣는 자에게 내가 이르노니 너희 원수를 사랑하며 너희를 미워하는 자를 선대하며 너희를 저주하는 자를 위하여 축복하며 너희를 모욕하는 자를 위하여 기도하라"(눅 6:27-28)고 말씀하신 것이다.

하나님은 또 이렇게 말씀하신다. "나는 이를 기억하고 이 마음을 붙들고 있을 정도로 강하며, 만일 그들이 너를 통해 흘러가는 사랑에 복종하지 않으면, 원수 갚는 것은 내가 한다. 나는 너를 위해 이를 다스릴 것이다."

교회사를 통해 이방에 의해 죽임 당한 수천 명의 사람들의 이야기를 읽을 때, 혹은 폭스Fox의 『기독교 순교사화』(Book of Martyrs)에 기록된 하나님을 간증했다는 이유로 사람이 사람에게 가한 비인간적인 행위들을 볼 때, 또 전 세계 목사들을 향한 나의 사역 가운데 그리스도인들이 하나님의 종들에게 한 일들을 볼 때면 내 속에서는 "오 하나님, 원수 갚는 것이 하나님의 것이라고 하신 그 약속을 잊지 마십시오. 그들에게 되갚아주시는 걸 잊지 마십시오!"라고 소리치게 된다.

내가 거칠거나 냉담한 사람이어서가 아니다. 나는 사실 꽤나 여린 사람이다. 나는 누군가가 어떤 사람들 때문에 파멸하는 것을 보면 그들을 계속 사랑할 수 없다. 하지만 나는 하나님이 정당하신 분일 뿐 아니라 공의로운 하나님이라는 것을 안다. 하나님의 뜻은 하나님의 사랑을 거부한 그들에게 결국은 원수를 갚으시는 것임을 안다. 원수 갚는 것이 하나님께 속한 것임을 알기에, 그리고 처벌이 이미 성경에 기록되어 있는 것을 알기에 나는 계속해서 사랑할 수 있다. 그리스도의 공의가 아직 그들을 향하지 않으셨다는 것이 유일한 희망이기 때문이다.

우리가 있는 위치는 복수나 심판을 간청하는 곳이 아니라 우리의 입에 하나님의 높은 찬양이 있게 하는 곳이다. 복수를 요구하는 것이 당연할 때, 우리는 하나님을 찬양할 수 있다. 하나님이 공의로우신 하나님임을 알기 때문이다. 그리고 우리는 하나님이 그분의 방식으로 그것을 다루실 것도 안다.

몇 년 전, 우리 교회는 주일 아침 예배를 드리는 중 매우 높은 수준의 찬양에 들어갔었다. 찬양은 강 같이 흘렀으며 계속해서 우리를 더 높은 곳으로, 훨씬 더 높고 우리가 전에 경험했던 것보다 훨씬 위대한 찬양의 영역으로 이끌었다. 우리의 눈에 보이는 결과는 없었지만 하나님이 어떤 매우 특별한 일을 하고 계시다는 것을 느낄 수 있었다.

그날 오후, 나는 우리 교회를 떠나 200마일 정도 거리에 있는 교회로 부임해 간 한 젊은 목사의 전화를 받았다. 그는 그날 오전 11시 15분에 교회에서 무슨 일이 일어났는지를 물었다. 나는 우리가 높은 수준의 아름다운 찬양으로 나아간 것을 말하면서 왜 묻는지 그 이유를 물었다.

11시 15분에 그 교회 장로님 한 분이 모임 중간에 일어나 눈에 분노가 가득한 채로 교회의 중앙복도로 걸어 나오기 시작했었다며 이야기를 시작했다. 그 교회의 가장 큰 재력가인 그 장로님은 수년간 교회정책에 대해 리더십을 주장했고 자신만의 방식으로 관리를 해왔다. 전체 성도 앞에서 그 장로님은 이렇게 말했다고 한다. "목사님, 저는 목사님의 사임을 요청합니다. 찬양에 관해 이렇게 강조하시는 것과 끈질기게 기도하라고 하시는 것에 질렸고 진절머리가 납니다."

나도 그 교회의 이전 사정을 잘 알고 있었다. 그 장로가 다른 목사들에 대해서도 사임을 요구했었고, 성공적으로 사임을 받아냈었다는 사실도 알았다. 그 젊은 목사는 어떻게 해야 할지를 몰랐다. 그 장로님을 쳐다봤고, 아내를 바라볼 때 내면의 분노로 인해 떨기 시작했다. 그 장로님은 앞으로 계속 나오면서 반복해서 사임을 요구했다. 두 번째 줄쯤까지 나왔을 때 그가 갑자기 멈춰섰는데, 마치 무엇인가를 본 것처럼 눈은 동그래졌고 두려움으로 얼굴은 백지장이 되었다. 그는 주머니를 뒤져 펜과 종이를 꺼내고 무엇인가를 쓰기 시작했다. 그러고는 그 종이를 목사에게 전해주고는 급하게 교회 정문으로 나갔다. 그것은 장로직을 사임한다는 그의 사직서였다.

그 장로님이 교회를 떠나자마자 하나님의 영광이 교회를 가득 채웠고 성도들은 아름다운 찬양과 예배 가운데 들어갔으며, 교인들은 서로의 관계를 바로잡기 시작했다. 그 젊은 목사는 어안이 벙벙했다. 그는 곧 찬양과 예배 시간에 하나님께 무슨 일이 일어난 것인지 여쭤보았다. 하나님은 그에게 그의 모교회가 높은 찬양 가운데 들어가 하나님이 그 반역자인 장로님을 직접 처리하실 수 있게 했다고 말씀하셨다는 것이다. "그들의 입에는 하나님에 대한 높은 찬양이 있고 찬양[으로] … [그들은] 그 백성을 처벌하며"

하지만 이것이 끝이 아니었다. 얼마 후에 나는 남아메리카의 한 국가에서 일하고 있던 우리 성도 중 한 젊은이의 편지를 받았다. 그는 동일하게 그 주일에 무슨 일이 있었는지를 물었다. 그러면서 다음의 이야기를 들려주었다.

그곳 마을의 세 명의 관리는 그가 다니는 교회에 대해 이전에 건축과 관련해 위반했던 건축 규정의 세부 내역을 빌미로 교회의 문을 닫기로 결정했었다고 했다. 만일 그 교회에 다니는 사람은 누구라도 체포될 것이라는 소문이 났고, 그 소문 때문에 위험을 감수하면서까지 교회에 나오는 사람은 그리 많지 않았다.

우리 교인들이 찬양 중에 있었을 때, 이 젊은이는 저녁예배 대신 드리는 오후 예배를 드리고 있었는데 교회는 텅 비어 있었다. 그는 계속해서 아코디언을 들고 홀로 찬양 예배를 드렸다고 했다. 하나님의 복이 그의 영혼을 채우기 시작했고, 그래서 그는 간증 예배를 드렸다. 자신이 인도하고 자신이 참여하는 예배였다. 그리고 성도들을 위해 준비했던 설교를 하라는 이끄심 대로 예전과 똑같이 결단식까지 하였다.

놀랍게도, 그때 그 도시 의회의 의원 두 사람이 교회 문을 열고 들어와 강대상 앞에 나왔다. 이 사람들은 밖에서 예배에 참석하는 사람들을 체포하기 위해 창문으로 그 모든 광경을 지켜보고 있었던 것이다. 이들은 회중이 아무도 없는데 예배를 인도하는 설교자의 모습에 너무 놀라 이를 계속 지켜보게 되었다는 것이다. 하나님은 그들에게 권능으로 임하셨고, 그들은 하나님의 부르심에 응답하도록 설득을 당했다.

그 결과, 그 교회는 그 도시의 공식 승인을 받았다. 그리고 그 이후 교회를 두 번이나 확장해야만 했다. 한 교회의 찬양이 수백 마일이 떨어져 있는 곳까지 영향력을 끼쳐 불가능한 일을 행한 것이었다.

찬양은 이방인이나 그리스도인들에게 검과 같은 역할을 할 뿐 아니라 악한 영의 세상에 대항하는 가장 효과적인 무기이기도 하다. 이 본문은 "그들의 입에는…하나님에 대한 찬양이 있고 찬양 [으로] … [그들은] 그들의 왕들은 사슬로, 그들의 귀인은 철고랑으로 결박할"것을 약속한다. 이미 세상은 사탄의 왕국이라고 하였다. 예수님은 "사람이 먼저 강한 자를 결박하지 않고는 그 강한 자의 집에 들어가 세간을 강탈하지 못하리니 결박한 후에야 그 집을 강탈하리라"(막 3:27)고 분명히 말씀하셨다. 예수 그리스도의 교회가 사슬로 강한 자를 결박하고 그보다 못한 귀인들을 철고랑으로 결박하는 그 위치로 복귀할 시간이 된 것이다. 그러면 우리는 들어가 그들이 교회에서 가져왔던 모든 능력을 못 쓰게 할 수 있다.

교회에는 우리가 적으로 하여금 우리 것을 가져가게 내버려 두었다는 믿음이 필요하다. 또한 적이 도적질하도록 내버려 두는 사역이 필요하다. 말씀이 회복되는 가운데 우리의 아이들이 돌아오고 우리의 사랑이 회복되며 권위가 다시 살아나야 한다. 우리가 '사슬과 철고랑'으로 '강한 자'를 결박한다면 이것을 이룰 수 있다.

우리가 하나님의 높은 찬양 가운데 들어갈 때 하나님은 악의 세력을 결박하실 것이며 그들을 속박하시고 제한하셔서 당신과 내가 진정한 구원을 얻고 자유하게 하실 것이다. 이것은 찬양을 통해 이루어지는 것이지 간청으로 되는 것이 아니다. 하나님은 우리가 하나님을 높은 찬양으로 송축할 때 하나님이 우리 주위의 모든 사탄과 마귀의 세력들을 살피실 것이며 그들이 우리를 결박하는 대신 하나님이 그들을 결박하신다는 사실을 알기 원하신다.

우리 입에 있는 하나님에 대한 찬양과 우리 손에 있는 두 날 가진 칼로 우리는 원수를 결박하고 사슬을 묶고 거룩한 승리를 이루며 시공을 초월하여 구원이든 파멸이든 '기록된 심판'을 결정하신 하나님께 드린다.

고린도후서 10장 3-5절은 우리의 무기에 관해 이야기한다. "우리가 … 육신에 따라 싸우지 아니하노니 우리의 싸우는 무기는 육신에 속한 것이 아니요 오직 어떤 견고한 진도 무너뜨리는 하나님의 능력이라 모든 이론을 무너뜨리며 하나님 아는 것을 대적하여 높아진 것을 다 무너뜨리고 모든 생각을 사로잡아 그리스도에게 복종하게 하니"라고 말씀하신다.

이 본문은 몇 년 전, 나에게 매우 살아 역사하는 말씀이 되었다. 하나님은 우리 교회가 예배와 찬양을 통해 하나님과의 중요한 관계 가운데 들어갈 수 있도록 역사하고 계셨고, 우리 위원회 중 한 명은 이러한 변화에 극도로 반대하고 있었다. 그와 나는 좋은 친구였지만, 그는 당시 내가 완전히 잘못되었다고 생각했고 나의 비전을 그에게 설명하려고 아무리 노력해도 소용이 없었다. 오히려 서로 성숙하지 못한 부분이 부딪혀서 우리 사이에는 충돌이 일어났다.

그는 매우 능력 있는 사람으로 그 능력을 나를 반대하는 데 사용했다. 우리는 당시 건축 계획을 논의 중이었는데, 성도 중 그 계획을 제대로 이해하고 있는 사람은 그 사람밖에 없었다. 그는 한 위원회 회의에서 "콘월 목사님이 목사직을 사임하고 나가든지 아니면 제가 건축 책임자직을 사임하고 나가겠습니다"라고 선포했다. 기도를 한 후에 잠깐 상황이 지체되었다. 그러자 그는 주머니에서 교회 열쇠를 꺼내며 나에게 직접적으로 말했다. "10초 안에 목사님이 열쇠를 내놓으십시오. 아니면 제 열쇠를 내놓겠습니다." 나는 내가 생각하는 것처럼 그가 허세를 부리며 엄포를 놓고 있는 것이 아니라는 것을 알았다. 그는 자신의 열쇠를 바닥에 던졌고, 그게 끝이었다.

몇 달 동안 우리는 서로 정반대의 위치에 있었다. 나는 내가 할 수 있는 모든 것을 했다고 생각했다. 그에게 간청도 했고, 그를 위해 기도도 했었다. 결국 마음속에서는 그를 희망 없는 자로 치부해버렸다. 그 후 나는 켄 테일러가 의역한 *The Living Letters*(가정 예배 중 자녀들이 성경을 잘 이해하지 못하자, 쉬운 말로 성경을 읽을 수 있도록 미 표준역(ASV, 1901)을 의역하여 로마서에서 유다서까지 신약 서신서를 묶어(1962) 출간–역자 주)를 읽기 시작했는데, 위의 본문이 이렇게 번역되어 있었다.

"비록 우리가 육신을 지니고 살지만 육신의 생각대로 싸우고 있는 것은 아닙니다. 우리의 무기는 육적인 것이 아니라 마귀의 요새라도 파괴할 수 있는 하나님의 강력한 무기입니다. 이 무기로 우리는 여러 가지 헛된 이론과 하나님에 대한 지식에 대항하는 온갖 교만한 사상을 무너뜨리고 사람들의 마음이 그리스도에게 복종하도록 하고 있습니다."(현대인의 성경)

하나님은 오랜 기간 지속된 문제에 대한 해답이 여기 있다고 말씀하셨다. 하지만 하나님이 "내 아들아, 만일 네가 내 무기를 사용한다면 너는 그 사람을 다시 포로로, 즉 하나님을 섬기고자 하는 마음의 소망을 가진 포로로 만들 수 있다. 네가 나의 무기를 사용하면 그의 마음이 나를 향하게 하고 또 너에게 향하게 할 수 있다. 이 사람을 위해 나를 찬양하라"고 말씀하시기 전까지는 아무것도 알 수 없었다.

이것은 내 이해의 범위를 벗어나는 것이었다. 하지만 나와 함께 그 형제를 희망 없는 사람으로 치부했던 동료들 그 누구도 격려하는 사람이 없음을 알고 난 후, 나는 그 구절을 큰 소리로 읽고 이렇게 하나님에게 말했다. "주님, 이 사람으로 인해, 그리고 그가 나에게 한 모든 일로 인해 하나님을 찬양합니다. 그리고 이 말씀으로 인해 하나님을 찬양합니다."

처음, 내가 받은 반응은 매우 허무한 것이었지만 하나님은 다시 말씀하셨다. "만일 네가 진정으로 그 사람이 한 일과 그 사람이 나에게 어떤 의미인지 알고 그로 인해 나를 찬양할 수 있다면 나는 이 구절이 그의 삶을 지나가도록 할 것이다."

나는 여섯 시간 동안 찬양했다. 하지만 실패했다. 찬양 중에 저녁 예배 사역을 위한 시간만큼만 쉬었고, 아내를 홀로 집에 보내고 사무실에 홀로 남아 새벽예배 때까지 찬양하며 밤을 지새웠다. 결국 하나님은 내가 이 긴 시간 동안 찬양한 것들을 믿을 수 있는 믿음을 주셨다. 나는 진정으로 "하나님 감사합니다. 하나님을 찬양합니다. 지난 2년에 대해 하나님을 찬양합니다. 영광스러운 시간이었으며 하나님이 저를 구원하신 것과 같이 이 사람을 구원하신 것으로 인해 찬양합니다"라고 말할 수 있었다.

당연히 그 다음 주 강대상에서 첫 결단 시간에 그 사람을 볼 수 있기를 기대했지만, 그를 볼 수 없었다. 그는 계속 공격적이었으며 전과 같이 적대적이었다. 하지만 내 안에는 변화가 있었다.

그 일이 있은 후 거의 2년이 지날 즈음, 우리는 서로를 사랑하는 법에 관한 교육을 하고 있었는데 찬양으로 승리의 문이 활짝 열렸다. 교육이 끝나고 (동성끼리) 서로를 안아주며 인사하는 것으로 우리의 사랑을 행동에 옮기고 있었다. 남자 성도들 사이를 지나갈 때, 한쪽 구석에서 참여자가 아닌 관찰자로 여전히 분개하고 있는 그 형제를 발견했다. 나는 그에게 다가가 이렇게 말했다.

"지난 2년 동안 나는 당신에게 사랑의 마음만을 갖고 있었습니다. 당신에게 이를 말할 기회가 전혀 없었지만 이제 말합니다. 당신은 내 모든 친구들보다 더 나에게 복입니다. 나를 무릎 꿇게 만들었기 때문입니다. 성경에 있는 모든 말씀을 두 번씩 재차 확인하게 하였고, 나를 사랑하는 사람이 아무도 없다는 사실이 나로 하여금 하나님께 예배하게 만들었던 것처럼 당신은 내가 하나님을 예배하도록 만들었습니다. 당신으로 인해 나는 하나님 안에서 성장했습니다. 형제님, 저는 주 안에서 형제님을 사랑합니다."

이 말을 하며 나는 그를 포옹했고 볼에 입을 맞췄다. 저녁이 지난 후 정기 예배 시간에 나는 다시 한 번 실패감을 맛보았지만 스스로에게 정직했기 때문에 영적으로는 좋은 감정을 느꼈다. 하나님은 내가 진정으로 그 사람을 사랑할 수 있는 자리에 나를 데려다 놓으셨다.

예배가 끝난 후 친구 한 명이 다가와 그 형제가 나를 만나고 싶어 한다는 이야기를 전해주었다. 그 사람에게 다가가는데 그가 뒤를 돌아보았고, 그가 눈물을 흘리고 있는 것을 보았다. 예전처럼 내 별명을 부르며 그는 말했다. "내 작은 친구여Little Buddy, 더 이상은 못하겠습니다. 그동안 있었던 일에 대해 죄송스럽게 생각합니다. 화해하고 예수님 안에서 다시 친구가 될 수 있을까요?" 하나님은 우리의 영을 함께 만지셨으며 지금까지 이어지는 따뜻한 관계의 시간을 허락하셨다.

찬양은 엄청난 무기이다! 찬양과 함께 우리는 요구하고, 정복하며, 사람의 마음의 소원을 변화시킬 수 있다. 나는 우리가 사랑하는 사람들에 대한 걱정을 그만두고 그들의 구원을 위해 하나님께 찬양하는 것이 좋다고 생각한다.

우리가 말하는 중보기도 중 많은 부분이 단지 우리의 불신앙을 초조하게 입밖으로 내뱉는 것은 아닐까 궁금하다. 우리는 하나님이 우리의 말을 들으신다고 생각하지 않기 때문에 계속해서 이러한 것들을 말할 것이다. 마치 중국의 기도 바퀴 혹은 일본의 수차와 같은데, 이들은 기도를 적어 바퀴에 붙이면 그 바퀴가 한 바퀴 돌때마다 신에게 그 기도가 전달된다고 믿는다. 당신이 요구하는 기도가 하나님께 닿았다는 것을 알았다면, 간청은 그만하고 찬양에 참여하라.

당신은 "만일 하나님이 진정 들으신다면 왜 결과가 나타나지 않죠?"라고 말할지도 모른다. 그 이유는 하나님이 그 기도에 연관된 다른 사람들의 의지를 침해하지 않으시면서 응답하셔야 하기 때문이다. 하나님은 설득이라는 온유한 방법을 통해 그가 순종할 수 있도록 하셔야 하는데, 이때 당신이 가진 가장 강력한 무기가 바로 찬양인 것이다.

우리는 진정으로 우리의 적이 사람인지, 악마인지 항상 알고 있는가? 그렇지 않다! 그러나 하나님은 아신다! 우리가 단순히 모든 대적에 대해 찬양한다면, 하나님은 누가 대적인지, 어느 정도의 힘으로 그를 옮기셔야 하는지를 아실 것이다. "이 전쟁은 너희에게 속한 것이 아니요 하나님께 속한 것이니라"(대하 20:15).

우리가 계속 찬양하면 우리를 대신하여 갈등의 상황에 참여할 천국의 법적 허가를 얻게 된다. 이는 범법자에 대한 탄원서나 영장에 서명하는 것과 동일하다. 찬양은 전체 법 집행이 시작되도록 한다. 하나님은 우리의 방패시다. 당신이 할 수 있는 가장 높은 찬양으로 하나님을 찬양하라. 그리하면 성령께서 더 높은 찬양을 시작하게 하실 것이며, 당신은 자연스럽게 하늘에 있는 찬양자들과 연합하게 될 것이다. 언제나 승리로 이어질 것이다!

찬양의 방해요소

우리가 이제까지 살펴본 모든 내용을 비추어볼 때 왜 더 많은 사람들이 하나님을 찬양하지 않는지 궁금해하는 것은 당연하다. 로마서 말씀을 통해 부분적으로라도 그에 대한 답을 찾을 수 있을 것이다. "내 속 곧 내 육신에 선한 것이 거하지 아니하는 줄을 아노니 원함은 내게 있으나 선을 행하는 것은 없노라 내가 원하는 바 선은 행하지 아니하고 도리어 원하지 아니하는 바 악을 행하는도다"(롬 7:18-19).

이 말씀에서 우리는 찬양하는 자가 되기로 결심하는 순간 드러나는 엄청난 투쟁과 내면의 갈등을 볼 수 있다. 수년간 종교생활에 편안함을 누리던 사람들이 갑자기 불화와 언쟁, 그리고 논쟁 가운데 들어간다. 찬양에 관한 사실들을 잘 알게 된 후에도 찬양의 행위는 고통스럽고 어렵다. 찬양을 가로막는 것들이 있기 때문이다. 내가 찬양하지 못하도록 막는 이 세력, 혹은 내 육신의 법은 어떤 것들인가?

다른 사람들을 찬양의 삶으로 인도하기 위해 노력하던 기간 동안, 나는 찬양을 방해하는 많은 요소들을 발견했다. 그리고 여기에 소개하는 적어도 이 일곱 가지 방해요소들은 우리가 꼭 알고 있어야 할 가장 중요한 것들이라고 생각한다.

찬양을 방해하는 첫 번째 요소는 사탄의 왕국의 방해인데, 이는 꼭 이 세력이 중하기 때문이 아니라, 모든 부정적인 것들에 대해 그리스도인들이 보통 사탄을 탓하기 때문에 이를 첫째로 꼽았다. 천국에서 예배하며 영원의 시간을 보냈던 사탄은 사람들보다 찬양의 가치, 목적, 그리고 능력에 대해 훨씬 더 잘 알고 있다. 사탄의 기본 목적이 하나님 나라의 사역을 혼란스럽게 하는 것인 만큼, 사탄은 분명히 최선을 다해 어린이들로부터 하나님까지 이어지는 그 찬양의 흐름을 제한하고자 한다는 것이다.

사탄은 우리의 '높은 찬양'이 자신을 속박하고 악의 세력이 역사하지 못하게 할 것임을 알기 때문에, 우선적으로 우리가 찬양을 시작하기 전, 특히 이 찬양이 천국의 찬양과 연합하기 전에 우리의 찬양을 공격한다. 하지만 신약성경에서는 성도들이 사탄의 공격 대상이 아니라 사탄이 성도들의 공격 대상이라고 가르친다! 로마서 16장 20절은 "평강의 하나님께서 속히 사탄을 너희 발 아래에서 상하게 하시리라"는 말씀으로 우리에게 확신을 준다. 예수님은 제자들에게 '모든 귀신들'에 대한 권세와 권위를 주시며(눅 9:1), 믿는 자들에게 "곧 그들이 내 이름으로 귀신들을 쫓아낼"(막 16:17) 것이라는 말씀으로 확언해주셨다.

예수님은 삶과 죽음, 부활과 승천을 통해 모든 권세자와 권위 있는 자, 높은 지위에 있는 자들에게서 사탄을 제거하시고 이를 인류 앞에 드러내 보이셨다. 히브리서 2장 14절에서는 예수님은 "죽음을 통하여 죽음의 세력을 잡은 자 곧 마귀를 멸하셨다"고 말씀하신다. 여기에 '멸하신다'라고 번역된 헬라어는 문자적으로는 '0으로 줄이다'라는 뜻이다. 예수님이 사탄을 아무것도 아닌 것으로 만드셨다는 것이다! 마귀는 이제 퇴물이다. 우리의 놀라운 주 예수 그리스도는 에덴동산에서 사탄이 가졌던 힘과 권위를 극적으로 제한된 영역 안에 가두셨다. 사탄이 가진 능력은 바로 꾐의 능력이다. 그는 단지 이야기하고 꾀고 과장하며 제안하고 언쟁하거나 거짓말을 할 뿐이다.

에베소서 4장 27절에서는 "마귀에게 틈을 주지 말라"고 경고하고 있는데, 이는 대화를 논하는 맥락에서 하신 말씀이다. 당신이 사고할 때 마귀에게 틈을 주지 말라. 마귀와 이야기하지 말며 그의 말을 듣지도 말라. 마귀가 당신의 마음에 접근할 수 없다면, 당신을 찬양할 수 없게 만들 능력도 없다. 수많은 귀신들과 함께 당신의 주위에 있을 수는 있지만, 당신의 찬양이 그들과 연결되는 통로를 태워버릴 것이다.

마귀가 당신을 찬양할 수 없게 만들 수 있는 유일한 길은 찬양 밖에서 당신과 이야기를 할 수 있게 되거나, 긍정적으로 찬양할 수 없도록 부정적인 생각들로 당신의 마음을 가득 채우는 것뿐이다. 일단 마귀의 무력함에 대해 확실히 알았다면, 사탄은 찬양을 방해하는 요소 중 가장 무력한 존재가 될 것이다.

사탄이 당신에 대해 가지고 있는 능력은, 당신이 정신적으로 사탄에게 동의함으로 사탄에게 주는 능력, 그 정도밖에 없다. "그런즉 너희는 하나님께 복종할지어다 마귀를 대적하라 그리하면 너희를 피하리라"(약 4:7).

깊은 죄에서 변화되는 간단한 법칙은 마귀가 우리의 사고방식에 침입하면 찬양할 수 없다는 것을 인식하는 것이다. 우리가 죄에서 계속 승리할 수 있는 성공 비결은 이것이다. "마귀가 초인종을 누르면, 그저 단순히 예수님께 '현관에 나가 볼까요?' 하고 물어보는 것이다."

찬양을 방해하는 분명한 두 번째 요소는 바로 죄다. 다윗은 이에 대해 다음과 같이 명료하게 말했다. "내가 나의 마음에 죄악을 품었더라면 주께서 듣지 아니하시리라"(시 66:18). 이사야 선지자는 이렇게 표현했다. "오직 너희 죄악이 너희와 너희 하나님 사이를 갈라 놓았고 너희 죄가 그의 얼굴을 가리어서 너희에게서 듣지 않으시게 함이니라"(사 59:2).

찬양을 받으시는 하나님이 찬양을 거절하시거나 거부해 들으려고도 하지 않으신다면, 우리가 찬양하는 것은 거의 불가능하다. 매우 오랜 기간 동안 침묵하시며 거절하실 때 우리는 어찌할 수가 없다. 만일 하나님께 찬양을 표현하고자 하는데 그분의 마음이 강철같아 보인다면, 마귀를 탓하지 말고 먼저 죄를 회개하라. 하나님이 당신의 찬양에 귀를 기울이지 않게 만드는 것은 죄밖에 없다. 하나님께서 우리에게 원하시는 것은 더러운 손이 아닌 '거룩한 손을 드는' 것이다. 반역자의 목소리가 아닌 '구원받은 자의 목소리'를 하나님이 들으신다. 하나님은 우리가 오직 "주를 깨끗한 마음으로 부르기"를 원하신다(딤후 2:22).

물론 하나님이 보시기에 '더러운 누더기' 같은 우리 의로는 하나님을 찬양할 수 없다. 우리는 우리에게 주신 겸손한 그리스도의 의로써 찬양해야 한다. 죄는 자백해야만 하며, 자백하면 깨끗케 해 주신다(요일 1:9). 죄는 하나님께 문제가 되는 것이 아니라 종교의 문제이다. "그 아들 예수의 피가 우리를 모든 죄에서 깨끗하게"(요일 1:7) 하신다. 또 "그가 거룩하게 된 자들을 한번의 제사로 영원히 온전하게 하셨느니라 또 그들의 죄와 그들의 불법을 내가 다시 기억하지 아니하리라"(히 10:14, 17)라고 말씀하셨다. 하나님은 갈보리

언덕에서 확실히, 그리고 영원히 죄의 문제를 해결하셨다. 누구도 죄 가운데에서 더 이상 살 필요가 없다. 죄는 고백과 죄 씻음으로 해결될 수 있다.

예수님의 십자가는 죄의 처벌, 죄의 능력과 존재, 그로 인한 죄책감의 문제에 대한 모든 해결책이다.

죄의 처벌에 대해서는 "그러면 이제 우리가 그의 피로 말미암아 의롭다하심을 받았으니 더욱 그로 말미암아 진노하심에서 구원을 받을 것이니"(롬 5:9)라고 말씀하신다. '의롭게' 되었다는 것은 내가 마치 죄를 지은 적이 없는 것같이 된다는 뜻이다.

죄의 능력에 대해서는 로마서 6장 14절에서 "죄가 너희를 주장하지 못하리니 이는 너희가 법 아래에 있지 아니하고 은혜 아래에 있음이라"고 선포한다. 웨슬리 형제 Wesley brothers는 "그가 무효화된 죄의 권세를 깨뜨리시고 포로를 자유케 하셨다. 그의 피는 험악자도 깨끗케 할 수 있으며, 그의 피가 나를 도우셨다"라고 고백했다.

죄의 존재에 대해서 하나님은 단지 당신을 '애굽'에서 꺼내주실 뿐만 아니라, 당신에게서 '애굽'을 없애주신다. 유월절을 보낸 이후 바로 당신에 대한 적들의 모든 권세를 파멸시키고 당신이 구원받은 애굽 땅으로부터 영원히 멀어지도록 홍해를 건너게 하신다. 베드로전서 2장 9절은 "이는 너희를 어두운 데서 불러 내어 그의 기이한 빛에 들어가게 하신 이의 아름다운 덕을 선포하게 하려 하심이라"고 말씀하고 있다.

죄가 가져다주는 죄책감에 대해서는 "그러므로 이제 그리스도 예수 안에 있는 자에게는 결코 정죄함이 없나니 이는 그리스도 예수 안에 있는 생명의 성령의 법이 죄와 사망의 법에서 너를 해방하였음이라"(롬 8:1-2)라는 말씀을 보라. 하나님의 관점에서 본다면 주님께 죄를 자백하면 죄가 완전히 사면된다는 것이다.

그 누구도 죄 때문에 찬양할 수 없게 되어서는 안 된다. 먼저 죄의 문제를 다루라. 이를 숨기려 하지 말고 하나님께 죄를 보이라. 죄를 자백하라. 하나님이 죄를 깨끗케 하시고 죄의 모든 흔적을 제하시도록 하라. 그리하면 순전함으로 하나님을 찬양할 수 있다. 그리고 찬양하고자 하는 새로운 마음을 갖게 될 것이다.

찬양을 방해하는 세 번째 요소는 바로 죄책감인데, 이는 많은 그리스도인들에게 매우 강력하게 작용한다. 만일 죄의 문제를 다루지 않았다면 죄책감은 실제의 것이 되는데, 우리는 너무 자주, 그리고 죄를 고백한 이후에도 우리 의식에 남은 죄책감이 우리에게 영향을 미친다. 때로 죄책감은 믿음이 부족한 결과이기도 하다. 우리가 용서받았다는 성경의 말씀을 믿는 대신 우리가 느끼는 것을 믿으면서 용서받았다고 확신하지 못하는 것이다.

우리 모두는 죄를 용서받기 위해 '무엇인가를 해야' 한다고 생각하지만, 성경은 예수 그리스도께서 이미 죄 용서를 위해 필요한 모든 일을 행하셨다고 선포한다. 우리가 그리스도께 죄를 자백했다면, 죄를 용서받기 위해 무엇을 하려는 마음과 그로 인한 죄책감은 그저 종교적인 반응일 뿐이다. 우리가 노력한다고 해서 바로 눈에 보이는 무언가가 나타나지 않기 때문에 우리는 이를 반복할 필요가 있다고 생각하거나, 혹은 처음보다 더 처벌을 피할 수 있는 다른 행동으로 대체해야 한다고 생각한다. 더불어 형제를 참소하는 자인 사탄은 우리가 죄책감을 느끼고 그 안에 계속 머물게 하기 위해 모든 노력을 다할 것이다. 우리가 얼마나 끔찍한 죄인인지 처절하게 느낄 때마다 사탄은 분명히 이에 동의하는데, 만일 우리가 죄책감에 빠져 있다면 우리 또한 사탄의 말에 동의하는 것이 된다.

하지만 확실한 것은 이것이다. 우리는 모두 끔찍한 죄인이다. 다만 은혜로 구원받은 죄인이라는 것이다. 예수님이 누구를 구원하러 오셨는가? 바로 죄인들이다! 예수님이 하신 일에 대해 하나님을 찬양하라!

모든 죄책감이 연약한 믿음의 결과는 아니다. 때때로 이는 우리 자신을 용서하지 않는 우리 마음의 결과이기도 하다. 우리는 하나님이 우리를 용서하셨다는 진리의 말씀을 받아들이면서도 이렇게 덧붙인다. '나는 결코 제 자신을 용서할 수 없어요.' 당신이 하나님보다 위대한가? 하나님이 당신을 용서하셨는데 왜 스스로를 용서하지 않는가? 용서하지 않는 대상이 당신 자신의 경우일지라도, 용서하지 않는 영에 대한 엄청난 위험을 아직 모르는가? 에베소서 4장 32절은 "서로 친절하게 하며 불쌍히 여기며 서로 용서하기를 하나님이 그리스도 안에서 너희를 용서하심과 같이 하라"고 전한다. 당신이 그리스도의 몸이며 형제라는 사실을 잊었는가?

당신이 알고 있는 동기, 사고방식이나 꿈 때문에 하나님의 용서를 받아들이지 못하거나 스스로를 용서하지 못하는 일이 없도록 하라. "예수께서 이르시되 나도 너를 정죄하지 아니하노니 가서 다시는 죄를 범하지 말라"(요 8:11)라고 말씀하셨을 때 하나님은 이미 이러한 우리 내면의 상황들을 알고 계셨다. 하나님이 모든 사실을 모르시기 때문에 당신이 용서받지 못하는 것이 아니다. 하나님은 다 알고 계시지만 용서해주셨다.

죄책감을 벗어나 당신 손을 묶고 있는 수갑이 풀어지게 하라. 그래야 손을 들고 찬양할 수 있을 것이다. 당신의 실수만을 바라보는 눈을 돌려, 용서하시는 하나님을 바라보라. 찬양하고자 하는 마음이 생길 것이다.

과거를 정죄하는 일을 그만하라. 이는 당신의 현재를 망치며 찬양으로 가득한 미래를 얻게 될 기회마저 없애버린다.

성경에서 "그런즉 누구든지 그리스도 안에 있으면 새로운 피조물이라 이전 것은 지나갔으니 보라 새것이 되었도다"(고후 5:17)라고 약속하실 때 이는 정확히 말씀대로 이루어질 것이라는 뜻이다. 감히 이것을 믿으라. 새로운 사람으로서의 당신의 삶을 영위하라. 과거는 사라졌으며 깊이 묻혔다. 묻힌 채로 두라. 그리고 오늘의 당신에 대해 생각하라. 이 약속을 이해하고 배워 당신의 의지와 계획이 말씀에 순종할 수 있게 하라. 찬양은 사람들에게 주신 하나님의 명령이다. 잘못된 죄책감이 당신 삶을 향한 하나님의 뜻을 망치지 않도록 하라.

가장 강력하게 찬양을 방해하는 네 번째 요소는 바로 두려움이다. 스스로 가지고 있는 두려움, 동료들의 의견에 대한 두려움, 하나님에 대한 두려움, 내면의 감정을 쏟아내는 것에 대한 두려움, 거절에 대한 두려움, 조롱받을 것에 대한 두려움, 혹은 두려움 그 자체에 대한 두려움 등이 있다. 두려움만큼 사람을 무기력하게 만드는 감정은 없다.

두려움은 정상적인 사고를 멈추게 하고 감각을 마비시키고 우리의 의지를 의심하게 한다. 두려움은 너무 위험하고 하나님을 대적하는 것이기에 요한계시록 21장 8절에서는 '불과 유황으로 타는 못'에 던져지는 자들 중에 '두려워하는 자들'이 있다고 한다. 나는 하나님이 그들의 두려움 때문에 그들을 벌하신다고 생각하지는 않는다. 두려움이 그들로 하여금 하나님의 약속과 섭리 가운데 들어가지 못하도록 무력화시켰기 때문이라고 생각한다. 그래서 예수님은 부활하신 후, "두려워하지 말라"고 자주 말씀하셨다.

나는 사람들이 두려움의 지배를 받으므로 찬양에 관해 배웠지만 찬양에 참여하지 못하는 경우를 보았다. 그들은 찬양하고 있는 사람들로부터 나와 뒤쪽 벽으로 물러서는데, 이는 내면의 두려움이 찬양 가운데 참여하고자 하는 의식의 욕구를 넘어섰기 때문이었다. 그 두려움을 정복하기 전까지는 찬양하는 것이 불가능하다. 그리고 그 두려움의 주체자인 사탄은 우리의 무기인 찬양에 대항하는 주무기로 두려움을 이용한다.

사탄이 부패하게 만드는 다른 모든 것과 마찬가지로, 두려움도 온전히 나쁜 것만은 아니다. 이는 하나님이 우리 각 사람을 보호하시기 위해 우리 안에 만들어 두신 방어 매커니즘의 일부이기도 하기 때문이다. 하지만 이는 보호하기 위한 것이지 지배하기 위한 것은 아니다. 우리는 반드시 이루어야 하는 일을 위해서 우리가 가진 두려움에 대항해 움직여야 할 때가 있다. 그리고 이때는 하나님이 우리에게 도덕적, 육적인 용기를 주셔서 우리가 본연의 두려움과 떨림을 극복하도록 하시는 때이다.

헤밍웨이는 자신이 하는 말의 영적 진리를 알지 못한 채, 용기는 "고통 속에서의 우아함(은혜)"이라고 정의한 적이 있다. 자신은 결코 두려움을 모른다고 주장하는 사람은 거짓말쟁이이다. 두려움은 우리 모두에게 공통된 것이다. 겁쟁이와 용감한 사람의 차이점은 두려움을 다루는 각자의 방식뿐이다. 누군가는 두려움의 지배를 받았고, 누군가는 두려움을 지배하려 애썼다. "주님, 저는 이 두려움이 하나님으로부터 온 것이 아님을 압니다. 저의 믿음 없음을 용서해주시고, 하나님이 이 상황을 지배하고 계심을 잠깐이라도 의심했던 것을 용서해주시고 주님의 평화를 부어주소서. 그리고 성령님, 저의 창조자, 보호하시는 분, 구원자이며 친구이신 주님을 찬양할 수 있도록 제 입에 말을 넣어주소서"라고 기도하라.

성경에서 우리는 두려움에 관한 완벽한 해결책을 찾을 수 있다. "사랑 안에 두려움이 없고 온전한 사랑이 두려움을 내쫓나니 두려움에는 형벌이 있음이라 두려워하는 자는 사랑 안에서 온전히 이루지 못하였느니라"(요일 4:18). 밤에 천둥 번개에 놀라 우는 아이가 있다. 아버지는 아이에게 이렇게 말씀하신다. "괜찮아 아가야. 아빠가 여기 있단다." 무슨 대답이 이런가? 이것은 "두려움을 내쫓는 완전한 사랑"을 제공하는 대답이다. 만일 아버지의 말이 충분하지 않다면, 부모는 아이를 침대에 눕혀 아이가 사랑의 따뜻함을 느끼며 부모 옆에 누워 폭풍 가운데서도 다시 잠을 청할 수 있게 한다.

우리 하늘 아버지께서도 두려움에 사로잡힌 자들에게 "이제 괜찮다. 내가 여기에 있다"라는 이 간단한 말로 우리에게 얼마나 평안을 주고자 하시는지 모른다. 위대한 사랑으로 우리에게 평안과 확신을 주시기 위해 하나님이 어떻게 그의 팔을 펴시는지 아는가! 하나님의 사랑으로 온전히 둘러싸여 있는데 어떻게 두려워할 수 있겠는가? 사탄에게서, 자기 자신에게서, 다른 사람들에게서 눈을 돌려 그 영혼의 눈으로 사랑 많으신 하늘 아버지께 초점을 맞춘다면, 그리스도인이 가진 두려움은 그 안에서 녹아버릴 것이다. 그리고 두려움이 만들어낸 폭풍우와 같은 것들을 무시하고 아이처럼 자신에게 완벽한 사랑을 주시는 하나님께 응답할 수 있다.

하나님의 영역으로 옮겨간 당시의 성도들은 자신들의 두려움을 하나님 앞에 꺼내 놓고 스스로를 하나님의 위대한 사랑 앞에 내어놓음으로써 두려움을 다루는 법을 배웠다. 사랑이 흐르는 그 가운데서 그들은 더 이상 두려워할 필요가 없었다.

나는 우리가 찬양과 예배 가운데 들어가 하나님께 반응하면서 나 자신의 삶에서, 그리고 우리 성도들의 삶에서 다뤄야만 했던 두려움의 깊이가 얼마나 깊은 것이었는지를 잘 기억한다.

공산주의 국가인 중국에서 몰래 들여온 합창곡을 한 곡 받았던 때가 있었다. 이 곡은 "중국의 교회의 행진곡"이라고 불렸다. 많은 구절이 있지만 우리가 반복해서 불렀던 구절 중 내가 가장 잘 기억하고 있는 부분은 이것이다.

"나는 두려워하지 않으리. 두려워하지 않으리."

"하나님이 내 곁에 계시며, 하나님의 사랑이 나를 인도하네."
"나는 두려워하지 않겠네!"

찬양을 방해하는 다섯 번째 요소는 우리 자신의 자아, 즉 우리가 우리 자신을 바라보는 태도 혹은 스스로를 바라보는 이미지이다. 때로 이 이미지는 극단적으로 긍정적이어서 스스로를 완벽하게 하거나 혹은 거의 완벽하게 본다. 이런 유형의 사람은 허풍쟁이인 경향이 있다. 독선적이고 자만하며 우월감을 느끼며 자랑하며 오만하여 자기 자신을 매우 좋아하는 사람이다. 이런 사람은 진정으로 하나님을 찬양하는 일에 큰 어려움을 느끼는데 그것은 자기 자신에게서 시선을 완전히 돌릴 수 없기 때문이다.

이들은 다음과 같은 바리새인의 기도를 하기 쉽다. "하나님이여 나는 다른 사람들 … 과 같지 아니하고 이 세리와도 같지 아니함을 감사하나이다"(눅 18:11). 보통은 찬양을 이렇게 말하면서 시작한다. "제가 하나님을 찬양함은 제가…."

자기 자신과 자신이 성취한 것만 본다면 하나님을 찬양하기가 매우 어렵다. 얕은 칭찬이나 찬양이 있긴 하지만 이는 더 높은 수준의 응답을 요구하며, 하나님이 받으실 만한 찬양이 아니다. 로마서 12장 3절은 "너희 각 사람에게 말하노니 마땅히 생각할 그 이상의 생각을 품지 말고…"라고 말씀한다.

찬양의 중심이자 핵심은 반드시 우리 주 예수 그리스도가 되어야 한다. 내 마음의 중심이 반드시 하나님께 있어야 한다. 나의 소원도 하나님의 뜻 안에 있는 것이어야 한다.

자기 자신을 높이는 사람만 찬양에 어려움을 겪는 것은 아니다. 자기 자신을 괴롭히는 사람도 마찬가지로 찬양이 어렵다. 당신의 태도와 표현이 '내가 얼마나 위대한데'이든지 '내가 얼마나 가치 없는데'이든지 간에 이 두 표현의 중심은 여전히 '나'에게 있기 때문이다.

이러한 자기 비하를 결코 극복하지 못하는 그리스도인들이 있다. 이들은 이것이 겸손이라고 생각한다. 계속 자기 자신에 대해 안 좋게 이야기하고, 자신의 재능과 능력을 비난하며, 자신은 너무 가치가 없다고 생각하며 "저보다는 다른 사람들이 훨씬 더 잘합니다"라고 말하면서 무슨 일이든 피한다. 사실 이들은 바울이 고백하는 종교적인 독선보다 훨씬 더 끔직한 형태의 독선을 가지고 있다. 이것은 자기 스스로를 속이는 행위로 이런 사람은 자신의 겸손이 순전하다고 완전히, 확고부동하게 확신한다. 이런 엉터리 겸손을 너무 확신한 나머지 순진한 사람들은 자신을 경건의 모본으로 보는 지경까지 이른다.

말도 안 되는 소리이다! 이들은 허풍쟁이들과 마찬가지로 단지 '나' 중심의 사람들일 뿐이다. 확실한 것은 비굴하고 내성적인 태도 가운데 다른 사람들로부터 스포트라이트를 원하는 사람들과 같이 자기 자신에게 주목하도록 하고 있는 것이다. 이들은 자신의 단점에 대한 자부심이 자신의 성공에 자만하는 다른 사람들의 자부심만큼이나 크다.

우리에게 자기 자신에 대해 마땅히 생각할 그 이상을 품지 말라고 경고하는 그 구절의 결론은 이러하다. "오직 하나님께서 각 사람에게 나누어 주신 믿음의 분량대로 지혜롭게 생각하라"(롬 12:3). 자기 자신을 높게 보거나 비하하지 말고 하나님이 우리를 위해, 우리 가운데, 우리를 통해 하신 일에 따라 생각하라는 것이다. 우리가 어떠한지는 중요하지 않다. 어떻게 되어 가는지가 중요하다! 우리 각자의 몸값은 동일하게 치러졌기 때문에 우리 중 누구도 가치 없는 사람은 없다. 우리는 하나님과 마주해야 하며, 하나님의 인격과 행하심, 은혜와 약속 그리고 그분의 공급하심만을 바라보아야 한다.

찬양을 방해하는 여섯 번째 요소는 하나님에 대한 잘못된 생각이다. 하나님을 엄하고 압제적이며 까다롭고 무정하거나 심지어 근엄한 하나님으로만 본다면, 하나님을 찬양하면서 기쁜 감정을 표현하는 것은 어렵다. 그렇지 않고, 우리가 하나님을 너무 고귀하고 고상하며, 인간적이지 않고 우리가 범접할 수 없는 무관심한 분으로 생각한다면, 역시나 찬양으로 예배하는 데 매우 어려움을 겪을 것이다.

우리 모두는 성경 외적인 부분에서 하나님에 대한 개념을 많이 갖게 되었다. 어렸을 때 우리에게 성경 속 이야기들을 전해주는 방식에 영향을 받았고, 우리가 불렀던 찬양과 복음성가를 통해서도 많은 개념을 갖게 되었다. 우리에게 설교하신 목사님은 하나님에 대한 개념 생성에 있어 지대한 영향을 미친다. 종교적 예술, 서적, 영화 및 드라마는 하나님에 관한 우리의 사고 패턴에 많은 영향을 주었다. 또한 이 땅의 아버지와의 관계도 분명히 우리에게 많은 영향을 끼쳤다.

나는 성경으로 돌아가서 우리의 찬양이 순종의 행동 그 이상이 되기 전, 하나님이 우리에게 자신을 어떻게 드러내셨는지를 확인할 필요가 있음을 알게 되었다. 하나님의 사랑, 자비, 부드러운 긍휼과 끝없는 용서하심에 대해 완전히 새로운 개념을 가질 필요가 있었다. 하나님이 진실로 얼마나 우리를 돌보시는지 보아야 했고, 그 찬양이 하나님께 그리고 나에게 어떤 영향을 주었는지 알아야 했다.

아가서에서와 마찬가지로 신랑 신부의 관계 속에서 하나님을 보기 시작하자 하나님께 응답하는 것은 훨씬 자연스러워졌고, 그래서 더 즐거운 것이 되었다. 나는 내가 사랑에 응답할 수 있음을 알았고, 결국 사랑으로 응답하는 법을 배웠다. 하지만 나의 경우에는 하나님의 사랑을 받아들이거나 그분께 사랑을 드릴 수 있게 되기 전에 하나님에 대한 '마음의 변화'를 갖는 것이 먼저 필요했다.

우리의 찬양을 제한하는 하나님에 대한 다른 많은 개념들이 있다. 만일 하나님이 위대한 자비 때문에 어떤 상황도 허용하시는 분이라는 이미지를 갖고 있다면, 우리는 찬양하기 힘들 것이다. 왜냐하면 우리 모두는 주님의 인도를 필요로 하기 때문이다.

하나님을 공의롭게 보지 않는다면, 사람의 부정함을 보았을 때 찬양하기가 어려울 것이다. 하나님의 신실하심을 볼 수 없다면, 신실하지 않는 사람들의 모습이 우리를 압도하여 우리를 찬양할 수 없는 존재로 만들 것이다.

우리가 하나님에 대해 알아야 할 모든 것을 하나님은 반드시 드러내셔서 알게 하신다. 그 계시는 이미 말씀 가운데 우리에게 주셨다. 찬양하는 자는 반드시 스스로 성경을 배워야 하는데, 그렇게 되면 하나님에 대한 찬양이 더욱더 풍성해 질 것이다.

찬양을 방해하는 일곱 번째 요소는 이사야 61장 3절 말씀을 읽으면 잘 이해할 수 있을 것이다. "시온에서 슬퍼하는 자에게 화관을 주어 그 재를 대신하며 기쁨의 기름으로 그 슬픔을 대신하며 찬송의 옷으로 그 근심을 대신하시고 그들이 의의 나무 곧 여호와께서 심으신 그 영광을 나타낼 자라 일컬음을 받게 하려 하심이라"는 이 말씀은 거룩한 변화의 장면처럼 보인다. 하나님은 "찬송의 옷으로 그 근심을 대신"하게 하신다. 찬송으로 옷 입기 위해 우리는 반드시 우리 주위를 둘러싸고 있는 근심의 영을 버려야 한다. 우리는 자기 연민, 고통을 즐거워하는 마음과 슬프고 부정적인 태도를 버려야만 한다. 찬양은 부정적인 삶에 더해지는 것이 아니라, 부정적인 삶을 대신하는 것이다!

기쁨은 슬픔을 대신한다. 눈물이 승리로, 울음이 기뻐 소리치는 것으로, 슬픔이 찬송으로 바뀐다. 부정적인 것이 편해졌다면, 찬송에 편안함을 느끼기까지는 어느 정도 시간이 걸릴 것이다. 하지만 당신이 원하는 그 부정적이고 우울하고 슬픈 삶의 방식 모두를 하나님께 그냥 내어드린다면 당신은 그 대가로 영광스러운 찬송의 옷을 받게 될 것이다.

지금까지 살펴본 이러한 방해요소들만이 모든 것을 포함한다고 생각하지는 않는다. 하나님께 중심을 드리지 못하는 훈련되지 않은 사람들에 관한 문제도 있고, 가정에서 벗어난 잘못된 관계로 인해 찬양할 수 없는 문제도 있다. 하지만 이 일곱 가지는 찬양을 방해하는 주된 요소이며, 각자의 삶에 이 요소 중 한두 가지는 지니고 있음을 보게 될 것이다.

삶에서 찬양을 못하게 하는 무언가가 있다고 해서 찬양을 거르지 말라. 삶에서 찬양을 가로막는 그 부분을 이기기 위해 찬양을 사용하라. 그러면 그 문제에 대해 강해질 것이며 찬양이 당신을 통해 강같이 흘러갈 것이고, 하나님은 영광받으시고 당신의 찬양을 통해 성도들은 감동될 것이다.

"누가 우리를 그리스도의 사랑에서 끊으리요[혹은 그 사랑을 표현하는 데서 끊으리요?] 환난이나 곤고나 박해나 기근이나 적신이나 위험이나 칼이랴 … 그러나 이 모든 일에 우리를 사랑하시는 이로 말미암아 우리가 넉넉히 이기느니라 내가 확신하노니 사망이나 생명이나 천사들이나 권세자들이나 현재 일이나 장래 일이나 능력이나 높음이나 깊음이나 다른 어떤 피조물이라도 우리를 우리 주 그리스도 예수 안에 있는 하나님의 사랑에서 끊을 수 없으리라(롬 8:35, 37-39).

찬양의
영원성

"인생은 그 날이 풀과 같으며 그 영화가 들의 꽃과 같도다 그것은 바람이 지나가면 없어지나니 그 있던 자리도 다시 알지 못하거니와"(시 103:15-16)라는 시편 기자의 선포가 얼마나 지혜로운가?

청년시절에 우리의 삶은 끝없는 기회가 있는 것처럼 우리 앞에 펼쳐져 있었지만, 나이가 들어가면서는 우리의 인생이 짧다는 것을 점차 알게 된다. 스스로를 불멸의 존재로 만들고자 아무리 노력해도, 인생은 결코 영원하지 못하다. 오늘 뉴스 헤드라인을 장식했던 이름들이 일 년 안에 잊혀진다. 오늘의 영웅은 종종 내일의 낯선 사람이 된다. 시편 기자의 "우리에게 우리 날 계수함을 가르치사 지혜로운 마음을 얻게 하소서"(시 90:12)라는 고백을 보라.

우리가 인생에서 통제권을 갖고 있는 것들마저도 얼마 지나지 않아 노후되어 간다. 지난 세대의 자랑거리였던 주택 단지는 이 세대를 위한 고속도로를 만들기 위해 철거된다. 우리가 구입할 당시 놀라운 엔지니어링 기술로 칭송받던 차도 새로운 모델이 출시되면 쓸모없어지는 것이 보통이다.

이 글을 읽는 독자들 중 나이가 좀 있는 분이라면 살아오는 동안 교통시설이 얼마나 놀랍게 발전했는지를 보았을 것이다. 말이 끄는 짐마차에서 객차, 자동차, 기차, 비행기, 제트기 그리고 이제는 우주왕복선까지, 이것이 '순간적인 무용지물'이 아니라면 무엇이란 말인가?

이 모든 것들은 삶의 방식을 향상시킨 반면, 얼마나 반영구적이고 임시변통적이며 일시적인 감각을 함께 가져왔는지 모른다. 젊은 세대들이 영속성이라는 감각을 키우는 것이 어렵게 되었다.

불행히도 종교는 종교가 가진 영속성이라는 특징을 많이 잃어버린 것 같다. 지난 20년 동안 많은 '종교적 유행'이 왔다가는 것을 보았다. 또한 무엇인가 생겼다가 그 이후 다른 어떤 것, 그리고 또 다른 어떤 것에 대해 불균형적인 강조가 있었다. 성경은 자주 한쪽으로 밀려나고, 사람들은 '경험'을 강조하거나 '삶의 철학'을 배운다. 살아남기 위한 투쟁 가운데 서로 충돌되는 타협을 낳는 합병이 많았는데 그 가운데 의견을 전달하는 사람들은 매우 혼란에 빠졌다. '하나님이 이와 같이 말씀하셨다'라는 권위 있는 선포는 거의 없었다. 과거 사람들은 자신들의 삶을 교회에 정박시키곤

했었지만, 이제는 많은 사람들이 교회가 변화의 바다 가운데 가라앉고 있음을 두려워하며 그 모습에 자신이 엮이는 것을 꺼려한다.

우리는 대학살의 죽음에 둘러싸여 있다. 우리는 매년 고속도로 때문에 작은 도시의 인구를 대량 학살한다. 어떤 종류이든 전쟁 행위에 늘 참여하고 있으며, 텔레비전은 우리 거실에서 끔찍하고 대량 학살이 일어나는 전쟁의 모습을 보여준다. 우리는 폭력 범죄에 대한 소식을 너무 많이 듣고 보고 있어서 이제는 그러한 소식에 무뎌지기까지 했다. 초기에는 미국인들이 가장 걱정하는 열 가지 문제 중 1-5위까지가 죽음에 관련한 것이라는 보고가 있었다. 이 보고서에서는 보통의 미국 청년들이 10분에 한 번씩 죽음을 생각하고 있다는 것도 밝혔다.

우리 사회에서 변하지 않고, 변경할 수 없으며 지속되며 영구적인 가치가 있는 것이 존재하는가? 금방 소멸되지 않으며, 우리가 연관될 수 있는 것들이 있는가? 있다. 하나님을 찬양하라. 예배와 찬양은 영원하며 그 특성상 지속된다. 요한계시록 4장 11절은 "우리 주 하나님이여 영광과 존귀와 권능을 받으시는 것이 합당하오니 주께서 만물을 지으신지라 만물이 주의 뜻대로 있었고 또 지으심을 받았나이다"라고 전한다.

이 구절은 우리가 예배에서 중요하게 인식해야 할 두 가지 요소를 드러내고 있는데, 첫째는 모든 것들이 하나님께로부터 온다는 것이고, 둘째로 모든 것이 하나님께로 돌아간다는 것이다. 이사야 43장 7절은 사람에 대해 "내 이름으로 불려지는 모든 자 곧 내가 내 영광을 위하여 창조한 자를 오게 하라 그를 내가 지었고 그를 내가 만들었느니라"고 말씀한다.

예배하고 찬양하는 사람은 시간의 차원에 묶여있지만 영원의 흐름 속으로 들어간다. 우리는 하나님의 기쁨을 위해 창조되었고, 이미 하나님께 그 기쁨을 드리는 것이 찬양이라는 것을 배웠다. 인간을 위한 하나님의 목적은 일시적이거나 시간에 제한된 것이 아니라 영원하고 끝없는 것이다. 우리는 현재 영원한 사역을 위한 훈련 중에 있다. 우리가 하나님을 찬양하는 것은 이미 그 영원한 사역의 가장 최고의 기능에 참여하고 있는 것이다.

사람은 하나님을 찬양하기 위해 창조되었고, 그리스도의 십자가 사건을 통해 찬양 가운데 거룩하신 하나님께 감히 나아갈 수 있는 피조물로 재창조되었다.

여리고에서 승리로 이끌었던 큰소리의 찬양이 약속의 땅의 경계를 넘어서도록 이끌었다는 것을 기억할 것이다. 쓸모없는 것들과는 거리가 먼 이 찬양은 하나님이 이 땅의 교회들을 위해 예비하신 것을 드러내는 시작일 뿐이다. 우리는 거룩한 찬양의 문턱에서 '높은 찬양'으로 들어가기 시작하는 것이다. 이는 곧 사라져버리는 다른 종교적인 유행이 아니다. 찬양은 하나님이 영원하다고 명령하신 것으로 들어가는 것이다.

요한계시록의 두 구절(5:8, 8:3)에서 '성도들의 기도'라고 정의된 향이 가득한 금 대접 혹은 금 향로를 들고 있는 예배자들을 볼 수 있다. 여기 '기도'로 번역된 헬라어는 '예배'로도 번역할 수 있다. 이는 단순히 성도들의 간청이 아니라, 시대를 넘어 하나님 앞에 올라간, 향의 형태로 거룩한 임재 가운데 보관된 그들의 찬양과 예배이다. 하나님의 존전에 서있는 위대한 예배자들이 예배하기 시작할 때, 이들은 이 땅의 성도들의 예배 또한 나타낸다. 생각해보라! 당신의 찬양과 예배가 하늘에 영원히 보관된다. 하나님이 당신의 찬양을 보존하시기로 하셨기 때문에, 우리 삶에는 영원한 무언가가 있는 것이다.

요한계시록 7장 11-12절은 찬양의 영원성에 대해 "…하나님께 경배하여 이르되 아멘 찬송과 영광과 지혜와 감사와 존귀와 권능과 힘이 우리 하나님께 세세토록 있을지어다 아멘 하더라"라고 분명하게 이야기한다.

찬양의 영원성에 관한 가장 눈에 띄는 주장은 우리의 찬양이 찬양의 대상이신 하나님의 본성에 기초하고 있다는 것이다. 우리가 찬양하는 분은 하나님이다. 우리가 예배하는 분은 예수 그리스도이며 요한계시록은 반복해서 "보좌에 앉으신 이와 어린 양에게 찬송과 존귀와 영광과 권능을 세세토록 돌릴지어다"(계 5:13)라고 말씀한다. 우리 찬양의 대상이신 그분은 계속해서 우리가 찬양하게 하실 것이다.

우리가 이 지구라는 행성을 떠나 하나님의 위대한 천국으로 인도될 때 우리는 우리가 찬양하도록 하신 분을 만나게 될 것이다. 우리가 "만만이요 천천"의 천사들(계 5:11)과 "각 나라와 족속과 백성과 방언에서 아무도 능히 셀 수 없는"(계 7:9) 큰 무리와 함께 설 때, 찬양하고자 하는 우리의 마음이 얼마나 전율을 느끼겠는가! "모든 천사가 보좌와 장로들과 네 생물의 주위에 서 있다가 보좌 앞에 엎드려 얼굴을 대고 하나님께 경배할 때"(계 7:11), 그때 우리도 광대한 예배와 찬양의 영에 온전히 휩싸일 수밖에 없을 것이다!

그리고 우리는 영원의 중간에 괄호를 넣어 우리의 인간적이고 약하고 손상되기 쉬운 찬양을 덧붙일 수 있고, 우리의 찬양은 하늘에 계신 우리 아버지를 향한 예배에 영원히 통합될 것이라는 것을 안다. 찬양은 영원하기 때문에 찬양에 대한 모든 진리를 배우기까지는 많은 시간이 걸릴 것이다.

이 책은 그저 그 시작의 작은 일부분일 뿐이다.

부록

찬양의 방법에 대한 구절

～～～ 입을 이용하여

계 19:1 　내가 들으니 하늘에 허다한 무리의 큰 음성 같은 것이 있어 이르되 할렐루야 구원과 영광과 능력이 우리 하나님께 있도다

시 98:1 　새 노래로 여호와께 찬송하라 그는 기이한 일을 행하사

시 138:2 　내가 주의 성전을 향하여 예배하며 주의 인자하심과 성실하심으로 말미암아 주의 이름에 감사하오리니

시 96:8 　여호와의 이름에 합당한 영광을 그에게 돌릴지어다

시 35:18 　내가 대회 중에서 주께 감사하며 많은 백성 중에서 주를 찬송하리이다

고전 14:15 　그러면 어떻게 할까 내가 영으로 기도하고 또 마음으로 기도하며 내가 영으로 찬송하고 또 마음으로 찬송하리라

시 103:20 　여호와를 송축하라

시 34:3 　나와 함께 여호와를 광대하시다 하며 함께 그의 이름을 높이세

엡 5:19 　시와 찬송과 신령한 노래들로 서로 화답하며 너희의 마음으로 주께 노래하며 찬송하며

계 7:10 　큰 소리로 외쳐 이르되 구원하심이 보좌에 앉으신 우리 하나님과 어린 양에게 있도다 하니

시 126:2 　그 때에 우리 입에는 웃음이 가득하고 우리 혀에는 찬양이 찼도다

시 107:22 　감사제를 드리며 노래하여 그가 행하신 일을 선포할지로다

시 107:32 　백성의 모임에서 그를 높이며 장로들의 자리에서 그를 찬송할지로다

시 98:4 　온 땅이여 여호와께 즐거이 소리칠지어다 소리 내어 즐겁게 노래하며 찬

	송할지어다
시 5:11	주께 피하는 모든 사람은 다 기뻐하며 주의 보호로 말미암아 영원히 기뻐 외치고 주의 이름을 사랑하는 자들은 주를 즐거워하리이다
시 32:11	너희 의인들아 여호와를 기뻐하며 즐거워할지어다 마음이 정직한 너희들아 다 즐거이 외칠지어다
시 30:1	여호와여 내가 주를 높일 것은
시 71:8	주를 찬송함과 주께 영광 돌림이 종일토록 내 입에 가득하리이다

찬양 중 손의 사용에 관한 구절

~~~ 손을 들어올려서

시 63:4	나의 평생에 주를 송축하며 주의 이름으로 말미암아 나의 손을 들리이다
시 119:48	또 내가 사랑하는 주의 계명들을 향하여 내 손을 들고
시 134:2	성소를 향하여 너희 손을 들고 여호와를 송축하라
시 141:2	나의 손 드는 것이 저녁 제사 같이 되게 하소서

~~~ 손뼉을 치며

시 47:1	너희 만민들아 손바닥을 치고
시 98:8	큰 물은 박수할지어다
사 55:12	들의 모든 나무가 손뼉을 칠 것이며

~~~ 악기를 연주하며

시 33:2	수금으로 여호와께 감사하고 열 줄 비파로 찬송할지어다
시 57:8	내 영광아 깰지어다 비파야, 수금아, 깰지어다
시 144:9	열 줄 비파로 주를 찬양하리이다

시 147:7 수금으로 하나님께 찬양할지어다

시 150:3-5 나팔 소리로 찬양하며 비파와 수금으로 찬양할지어다 소고 치며 춤 추어 찬양하며 현악과 통소로 찬양할지어다 큰 소리 나는 제금으로 찬양하며 높은 소리 나는 제금으로 찬양할지어다

찬양 중 몸의 자세나 몸을 움직이는 것에 관한 구절

〰️ 춤을 추며

시 30:11 주께서 나의 슬픔이 변하여 내게 춤이 되게 하시며

시 149:3 춤추며 그의 이름을 찬양하며

시 150:4 춤 추어 찬양하며

삼하 6:14 다윗이 여호와 앞에서 힘을 다하여 춤을 추는데

〰️ 걷고 뛰며

행 3:8 뛰어 일어서서 걸으며 그들과 함께 성전으로 들어가 걷기도 하고, 뛰기도 하며 하나님을 찬송하니

삼하 6:16 다윗 왕이 여호와 앞에서 뛰놀며 춤추는 것을 보고

〰️ 서서

시 135:2 우리 하나님의 성전 뜰에 서 있는 너희여

시 134:1 보라 밤에 여호와의 성전에 서 있는 여호와의 모든 종들아 여호와를 송축하라

〰️ 절하며 무릎 꿇고

시 95:6 오라 우리가 굽혀 경배하며 우리를 지으신 여호와 앞에 무릎을 꿇자

엡 3:15 이름을 주신 아버지 앞에 무릎을 꿇고 비노니

성경 각 권에 적힌 찬양에 관한 구절

창 14:20 멜기세덱의 찬양: 너희 대적을 네 손에 붙이신 지극히 높으신 하나님을 찬송할지로다

창 29:35 레아의 찬양: 내가 이제는 여호와를 찬송하리로다 하고 이로 말미암아 그가 그의 이름을 유다라 하였고

출 15:1-18 내가 여호와를 찬송하리니 그는 높고 영화로우심이요 말과 그 탄 자를 바다에 던지셨음이로다 여호와는 나의 힘이요 노래시며 나의 구원이시로다 그는 나의 하나님이시니 내가 그를 찬송할 것이요 내 아버지의 하나님이시니 내가 그를 높이리로다 … 주의 오른손이 원수를 부수시니이다 주께서 주의 큰 위엄으로 주를 거스르는 자를 엎으시니이다 … 여호와여 신 중에 주와 같은 자가 누구니이까 주와 같이 거룩함으로 영광스러우며 찬송할 만한 위엄이 있으며 기이한 일을 행하는 자가 누구니이까 … 여호와께서 영원무궁 하도록 다스리시도다 하였더라

레 19:24 그 모든 과실이 거룩하니 여호와께 드려 찬송할 것이며

민 21:16-17 여호와께서 모세에게 명령하시기를 백성을 모으라 내가 그들에게 물을 주리라 하시던 우물이라 그 때에 이스라엘이 노래하여 이르되 우물물아 솟아나라 너희는 그것을 노래하라

신 10:21 그는 네 찬송이시요 네 하나님이시라

수 6:20 여리고 성벽에서 찬양으로 소리침: 백성은 외치고 제사장들은 나팔을 불매 백성이 나팔 소리를 들을 때에 크게 소리 질러 외치니 성벽이 무너져 내린지라

삿 5:2-3 드보라와 바락의 찬양: 백성이 즐거이 헌신하였으니 여호와를 찬송하라 너희 왕들아 들으라 통치자들아 귀를 기울이라 나 곧 내가 여호와를 노래할 것이요 이스라엘의 하나님 여호와를 찬송하리로다

룻 4:14 여인들이 나오미에게 이르되 찬송할지로다 여호와께서 오늘 네게 기업 무를 자가 없게 하지 아니하셨도다 이 아이의 이름이 이스라엘 중에 유

명하게 되기를 원하노라

삼상 2:1-2 한나가 기도하여 이르되 내 마음이 여호와로 말미암아 즐거워하며 내 뿔이 여호와로 말미암아 높아졌으며 … 여호와와 같이 거룩하신 이가 없으시니 이는 주 밖에 다른 이가 없고 우리 하나님 같은 반석도 없으심이니이다

삼하 22:4 사울로부터 구원을 얻은 후 다윗의 찬양: 내가 찬송 받으실 여호와께 아뢰리니

왕상 8:15 성전 봉헌식에서 솔로몬의 하나님 찬양: 이스라엘의 하나님 여호와를 송축할지로다 여호와께서 그의 입으로 내 아버지 다윗에게 말씀하신 것을 이제 그의 손으로 이루셨도다

왕하 3:15-16 거문고 타는 자가 거문고를 탈 때에 여호와의 손이 엘리사 위에 있더니 그가 이르되 여호와의 말씀이 …

대상 16:4 또 레위 사람을 세워 … 이스라엘 하나님 여호와를 칭송하고 감사하며 찬양하게 하였으니

대하 20:21 여호사밧의 노래하는 자들에 관한 이야기: 노래하는 자들을 택하여 거룩한 예복을 입히고 군대 앞에서 행진하며 여호와를 찬송하여 이르기를 여호와께 감사하세 그의 인자하심이 영원하도다 하게 하였더니

스 3:11 성전의 기초를 놓을 때 소리치며 크게 찬양한 이야기: 찬양으로 화답하며 여호와께 감사하여 이르되 주는 지극히 선하시므로 그의 인자하심이 이스라엘에게 영원하시도다 하니 모든 백성이 여호와의 성전 기초가 놓임을 보고 여호와를 찬송하며 큰 소리로 즐거이 부르며

느 12:24 하나님을 예배하기 위해 찬양하는 자들을 재 임명하는 이야기: 레위 족속의 지도자들은 하사뱌와 세레뱌와 갓미엘의 아들 예수아라 그들은 그들의 형제의 맞은편에 있어 하나님의 사람 다윗의 명령대로 순서를 따라 주를 찬양하며 감사하고

에 8:15-16 하나님이 개입하셔서 모르드개를 살리신 후 수산성에서 유대인들이 찬양을 드리는 장면: 수산 성이 즐거이 부르며 기뻐하고 유다인에게는 영

	광과 즐거움과 기쁨과 존귀함이 있는지라
욥 13:15	좋지 않은 상황 가운데에서의 찬양: 그가 나를 죽이시리니 내가 희망이 없노라 그러나 그의 앞에서 내 행위를 아뢰리라
시편	다윗, 솔로몬, 아삽, 고라 자손과 다른 이들의찬양을 담고 있다.
잠 8:30-31	내가 그 곁에 있어서 창조자가 되어 날마다 그의 기뻐하신 바가 되었으며 항상 그 앞에서 즐거워하였으며 사람이 거처할 땅에서 즐거워하며 인자들을 기뻐하였느니라
전 2:26,	하나님은 그가 기뻐하는 자에게 … 희락을 주시나…
3:12, 22	…사람이 사는 동안에 기뻐하며…
	나는 사람이 자기 일에 즐거워하는 것…
아 1:4	너는 나를 인도하라 우리가 너를 따라 달려가리라 우리가 너로 말미암아 기뻐하며 즐거워하니
사 43:21	이 백성은 내가 나를 위하여 지었나니 나를 찬송하게 하려 함이니라
렘 33:11	즐거워하는 소리, 기뻐하는 소리, 신랑의 소리, 신부의 소리와 및 만군의 여호와께 감사하라, 여호와는 선하시니 그 인자하심이 영원하다 하는 소리와 여호와의 성전에 감사제를 드리는 자들의 소리가 다시 들리리니…
애 3:41	우리의 마음과 손을 아울러 하늘에 계신 하나님께 들자
겔 44:15	하나님께 직접 제사할 특정 제사장들을 나타냄: 이스라엘 족속이 그릇 행하여 나를 떠날 때에 사독의 자손 레위 사람 제사장들은 내 성소의 직분을 지켰은즉 그들은 내게 가까이 나아와 수종을 들되 내 앞에 서서 기름과 피를 내게 드릴지니라 주 여호와의 말씀이니라
단 2:20	하나님의 이름을 찬송할 것은 지혜와 능력이 그에게 있음이로다
호 12:6	항상 너의 하나님을 바랄지니라(시 65:1절과 비교해 보라: 하나님이여 찬송이 시온에서 주를 기다리오며)
욜 2:23	시온의 자녀들아 너희는 너희 하나님 여호와로 말미암아 기뻐하며 즐거워할지어다
암 9:11	그 날에 내가 다윗의 무너진 장막을 일으키고

옵 1:17	오직 시온 산에서 피할 자가 있으리니 그 산이 거룩할 것이요(이를 마지막 날 "부흥"이 충족되는 것으로 본다면, 찬양이 가장 중점임을 알 수 있다)
욘 2:9	나는 감사하는 목소리로 주께 제사를 드리며
미 7:7-9	오직 나는 여호와를 우러러보며 나를 구원하시는 하나님을 바라보나니 나의 하나님이 나에게 귀를 기울이시리로다 나의 대적이여 나로 말미암아 기뻐하지 말지어다 나는 엎드러질지라도 일어날 것이요 어두운 데에 앉을지라도 여호와께서 나의 빛이 되실 것임이로다 내가 여호와께 범죄하였으니 그의 진노를 당하려니와 마침내 주께서 나를 위하여 논쟁하시고 심판하시며 주께서 나를 인도하사 광명에 이르게 하시리니 내가 그의 공의를 보리로다
나 1:15	볼지어다 아름다운 소식을 알리고 화평을 전하는 자의 발이 산 위에 있도다 유다야 네 절기를 지키고 네 서원을 갚을지어다
합 3:18	나는 여호와로 말미암아 즐거워하며 나의 구원의 하나님으로 말미암아 기뻐하리로다
습 3:14	시온의 딸아 노래할지어다 이스라엘아 기쁘게 부를지어다 예루살렘 딸아 전심으로 기뻐하며 즐거워할지어다
학 2:7, 9	하나님이 두 번째 성전에 더 큰 영광을 주실 것을 약속하심: …내가 이 성전에 영광이 충만하게 하리라 만군의 여호와의 말이니라 …이 성전의 나중 영광이 이전 영광보다 크리라 …
슥 9:9	시온의 딸아 크게 기뻐할지어다 예루살렘의 딸아 즐거이 부를지어다 보라 네 왕이 네게 임하시나니 그는 공의로우시며 구원을 베푸시며 겸손하여서 나귀를 타시나니…
말 1:5	너희는 눈으로 보고 이르기를 여호와께서는 이스라엘 지역 밖에서도 크시다 하리라
마 26:30	예수님이 고난의 때에 예수님과 제자들: 이에 그들이 찬미하고 감람 산으로 나아가니라
막 11:8-10	즐거워 하는 사람들과 함께 종려주일에 대한 설명: 많은 사람들은 자기

들의 겉옷을, 또 다른 이들은 들에서 벤 나뭇가지를 길에 펴며 앞에서 가고 뒤에서 따르는 자들이 소리 지르되 호산나 찬송하리로다 주의 이름으로 오시는 이여 찬송하리로다 오는 우리 조상 다윗의 나라여 가장 높은 곳에서 호산나 하더라

눅 1:46–55   마리아의 영광스럽고 놀라운 찬양: 내 영혼이 주를 찬양하며 내 마음이 하나님 내 구주를 기뻐하였음은 …

요 1:49   나다나엘이 대답하되 랍비여 당신은 하나님의 아들이시요 당신은 이스라엘의 임금이로소이다

요 7:37–39   찬양을 하게 하는 성령의 흐름에 관한 설명: 예수께서 서서 외쳐 이르시되 누구든지 목마르거든 내게로 와서 마시라 나를 믿는 자는 성경에 이름과 같이 그 배에서 생수의 강이 흘러나오리라 하시니 이는 그를 믿는 자들이 받을 성령을 가리켜 말씀하신 것이라 (예수께서 아직 영광을 받지 않으셨으므로 성령이 아직 그들에게 계시지 아니하시더라)

행 16:25   감옥에서: 한밤중에 바울과 실라가 기도하고 하나님을 찬송하매

롬 15:11   또 모든 열방들아 주를 찬양하며 모든 백성들아 그를 찬송하라

고전 14:15   … 내가 영으로 기도하고 또 마음으로 기도하며 내가 영으로 찬송하고 또 마음으로 찬송하리라

고후 8:18   … 이 사람은 복음으로써 모든 교회에서 칭찬을 받는 자요

갈 4:27   기록된 바 잉태하지 못한 자여 즐거워하라 … 소리 질러 외치라 …

엡 1:12   이는 우리가 그리스도 안에서 전부터 바라던 그의 영광의 찬송이 되게 하려 하심이라

빌 4:20   하나님 곧 우리 아버지께 세세 무궁하도록 영광을 돌릴지어다 아멘

골 1:3   … 하나님 곧 우리 주 예수 그리스도의 아버지께 감사하노라

살전 5:16   항상 기뻐하라

살후 1:3   우리가 너희를 위하여 항상 하나님께 감사할지니 …

딤전 2:8   그러므로 각처에서 남자들이 분노와 다툼이 없이 거룩한 손을 들어 기도하기를 원하노라

딤후 4:18	주께서 나를 모든 악한 일에서 건져내시고 … 그에게 영광이 세세무궁토록 있을지어다
디도서	찬양에 관한 언급이 없지만 찬양을 해야하는 것에 대한 풍성한 이유가 주어졌으며, 우리는 디도서의 저자가 찬양하는 자였다는 것을 알고 있다.
몬 1:4	내가 항상 내 하나님께 감사하고 기도할 때에 너를 말함은
히 2:12	이르시되 내가 주의 이름을 내 형제들에게 선포하고 내가 주를 교회 중에서 찬송하리라
약 5:13	… 즐거워하는 자가 있느냐 그는 찬송할지니라
벧전 1:7	너희 믿음의 확실함은 불로 연단하여도 없어질 금보다 더 귀하여 예수 그리스도께서 나타나실 때에 칭찬과 영광과 존귀를 얻게 할 것이니라
벧후 1:5	너희 믿음에 덕을…(헬라어 아레테Arete가 벧전 2:9절에서는 '찬양'으로 번역됨)
요일 4:17	…주께서 그러하심과 같이 우리도 이 세상에서 그러하니라(예수님이 찬양하는 분이셨기에 우리 또한 그러하다)
요이 1:4	너의 자녀들 중에 우리가 아버지께 받은 계명대로 진리를 행하는 자를 내가 보니 심히 기쁘도다
요삼 1:3	형제들이 와서 네게 있는 진리를 증언하되 네가 진리 안에서 행한다 하니 내가 심히 기뻐하노라
유 1:24, 25	능히 너희를 보호하사 거침이 없게 하시고 너희로 그 영광 앞에 흠이 없이 기쁨으로 서게 하실 이 곧 우리 구주 홀로 하나이신 하나님께 우리 주 예수 그리스도로 말미암아 영광과 위엄과 권력과 권세가 영원 전부터 이제와 영원토록 있을지어다 아멘
계 19:5	보좌에서 음성이 나서 이르시되 하나님의 종들 곧 그를 경외하는 너희들아 작은 자나 큰 자나 다 우리 하나님께 찬송하라 하더라

• 회중 가운데 찬양하는 것에 관한 성경 구절

시 22:22 내가 주의 이름을 형제에게 선포하고 회중 가운데에서 주를 찬송하리이다
시 22:25 큰 회중 가운데에서 나의 찬송은 주께로부터 온 것이니 주를 경외하는 자 앞에서 나의 서원을 갚으리이다
시 111:1 할렐루야, 내가 정직한 자들의 모임과 회중 가운데에서 전심으로 여호와께 감사하리로다
시 149:1 새 노래로 여호와께 노래하며 성도의 모임 가운데에서 찬양할지어다
대상 29:20 온 회중에게 이르되 너희는 너희 하나님 여호와를 송축하라 하매 회중이 그의 조상들의 하나님 여호와를 송축하고 머리를 숙여 여호와와 왕에게 절하고
대하 29:28 온 회중이 경배하며 노래하는 자들은 노래하고 나팔 부는 자들은 나팔을 불어 번제를 마치기까지 이르니라
시 35:18 내가 대회 중에서 주께 감사하며 많은 백성 중에서 주를 찬송하리이다
시 26:12 내 발이 평탄한 데에 섰사오니 무리 가운데에서 여호와를 송축하리이다
시 68:26 이스라엘의 근원에서 나온 너희여 대회 중에 하나님 곧 주를 송축할지어다
벧전 2:9 그러나 너희는 택하신 족속이요 왕 같은 제사장들이요 거룩한 나라요 그의 소유가 된 백성이니 이는 너희를 어두운 데서 불러 내어 그의 기이한 빛에 들어가게 하신 이의 아름다운 덕을 선포하게 하려 하심이라

마귀 - 귀신들

다음의 내용은 플레밍 H. 레벨사에서 출판한 W. E. 바인(Vine)의 *An Expository Dictionary of New Testament Words*(신약 단어 해설 사전)를 인용한 것이다.

〰️ 마귀, 악마

고발자, 중상하는 자라는 뜻의 디아블로는 사탄의 이름 중 하나이다. 이 단어로부터 영어의 '마귀(Devil)'가 파생되었으며 이는 사탄만 의미하는 이름이다. 악령이라는 뜻의 Diamön이 '마귀'로 자주 번역이 되지만 이는 틀린 것으로 이 단어는 '귀신(demon)'으로 번역되어야 한다(개정판에 한해). 마귀는 하나이고 귀신은 많다. 하나님과 사람의 악한 대적으로써 마귀는 사람들을 하나님께 고발하며(욥 1:6-11, 2:1-5, 계 12:9, 10) 사람들에게 하나님에 대해 비방한다(창 3). 스스로 죄악이 가득하며(요일 3:8) 사람들이 죄를 짓도록 선동하며(창3) 악을 행하도록 유혹하고(엡 4:27, 6:11), 속임수를 통해 사람이 죄를 짓도록 한다(엡 2:2).

〰️ 귀신, 악령

악령, 귀신… 신약에서 이 단어는 악한 영을 나타낸다. 마태복음 8장 31절에서도 사용되었는데 '마귀들'로 잘못 번역되었다.

귀신과 관련이 있는 Daimonion…형용사 Daimonios의 중성형 역시 '마귀', '마귀들'로 잘못 번역되었다. …귀신들은 모든 우상 숭배 행위에 관해 활동하는 영적인 에이전트이다. 우상 자체는 아무것도 아니지만 모든 우상은 우상숭배, 즉 이 우상을 예배하고 희생 제사를 드리는 데로 이끄는 것과 관련된 귀신이 있다(고전 10:20, 계 9:20, 비교 - 신 32:17, 사 13:21, 34:14, 65:3, 11). 귀신들은 사람들 사이에 잘못된 것을 퍼뜨리며 믿는 자들을 유혹하려 한다(딤전 4:1). 유혹하는 영인 귀신들은 사람들을 속여 중

간자("신접한 자"-레 20:6, 27)를 통해 자신들이 죽은 사람들과 대화할 수 있다고 생각하게 한다. 파괴적인 영적 속임수 때문에 성경에서는 이를 금하고 있다(레 19:31, 신 18:11, 사 8:19). 귀신들은 하나님 앞에서 떨며(약 2:19) 그리스도가 주 되심을 알아보고 자신들의 미래의 재판관임을 알아보았다(삿, 마 8:29, 눅 4:41). 그리스도는 권능으로 인간들에게서 마귀들을 쫓아내신다. 예수님의 제자들도 예수님의 이름으로, 또한 믿음으로 마귀들을 쫓아냈다(마 17:20).

사탄 아래서 활동하는(계 16:13, 14) 귀신들은 신체의 질병으로 사람을 괴롭힐 수 있다(눅 13:16). 더러운 귀신들은 사람들을 더러운 생각으로 유혹 한다(마 10:1, 막 5:2, 7:25, 눅 8:27-29, 계 16:13, 18:2). 귀신들은 악함의 정도에 따라 다르다(마 12:45). 귀신들은 이 마지막 때에 나라들의 지도자들을 선동하여 하나님과 그리스도를 대적하여 전쟁을 하게 할 것이다(계 16:14).

찬양이 시작될 때

지은이 저드슨 콘월
지은이 이설아

2016년 5월 13일 1판 1쇄 펴냄
2024년 3월 25일 1판 2쇄 펴냄

펴낸곳 도서출판 예수전도단
출판 등록 1989년 2월 24일(제2-761호)
주소 서울특별시 강서구 양천로 424
가양역 데시앙플렉스 지식산업센터 530호
전화 02-6933-9981 · **팩스** 02-6933-9989
전자우편 ywampubl@gracemedia.co.kr
홈페이지 www.ywampubl.com

ISBN 978-89-5536-507-8

책값은 뒤표지에 있습니다.
잘못된 책은 바꾸어 드립니다.